家族がメンタル疾患になったときに読む本

未来に向けてのヒント

橋いづみ IZUMI HASHI

SANNO BOOKS

はじめに

夫がうつ病になったのは、三人目の子が産まれて二カ月目のことでした。小学生の長男・次男と生後間もない長女を抱えて、平凡な主婦をしてきた私は「この先どうなるのだろう」と不安が募りました。家事と育児の狭間で、自分を責めて壊れていく夫を前にオロオロしたものです。

長い療養生活の中で、うつ病は双極性障がいへと変化しました。自傷行為や自殺未遂を繰り返す夫。病状の悪化に伴い、仕事も解雇されてしまいます。季節が巡るように入院と自宅療養を繰り返し、心が休まることのない、綱渡りのような日々を過ごしたものです。

幼かった子どもたちは高校・大学へと進学。私は家計を支えるために二つの仕事を掛け持ちし、昼夜問わずに働いてきました。そんな目まぐるしい毎日の中で、彼の病気をきっかけに、私はメンタルヘルスや障がいに関心を持つようになりました。人の「心」に寄り添いたいと、産業カウンセラーの講座に通いました。そこで傾聴を学んだことにより「彼を救ってみせる」というおこがましい考えは消え、代わりに「彼と共に居よう」と思うようになったのです。

そして今、私は、知的障がいやメンタル疾患をお持ちの方などの支援をする仕事に就いています。配偶者や親、子どもといった身近な人がメンタル疾患にかかると、当人を支えるご家族も、心身の不調に陥りやすい傾向があります。私も、以前はどうしてよいかわからず、「死にたい」と悩み苦しんだものです。しかし今は、苦しい時を経て、笑って生きています。


本書は「あなたが笑顔になる」をコンセプトに、メンタル疾患を抱える方々との接し方、そして、彼・彼女らを支えるあなた自身の心のあり方、活用したい制度などをエピソードと共にご紹介するものです。

メンタルの病気は、日頃の心の持ち方ひとつで変化します。また、周りの接し方が患者さんの病状や回復に大きな影響を与えます。私自身の経験から導きだした幸せになるための方法をお伝えしますので、少しでもあなたとご家族が未来へ生きるためのヒントになれば幸いです。

私は医療の専門家ではありません。疾病名や病状は、私が関わった事例を基に記載しています。「こんな症状だからこの病気」「この診断名はこんな症状がある」という限りではないと、ご理解ください。

多くの方にメンタル疾患を知っていただき、愛のある、優しい社会になることを切に願っています。ぜひ、「メンタル疾患患者」「障がい者」としてひとくくりにするのではなく、彼ら一人ひとりの「顔」を見てください。ネガティブなイメージを持たれることも多いメンタル疾患ですが、くすりと笑えるユーモアにも溢れています。

あなたは今、苦しいですか？　先が見えませんか？

大丈夫。

過去がつらくても、今が苦しくても、未来は必ず拓けます。

あなたが笑顔になりますように。

第２章　身近な人がメンタル疾患になったら

第３章　自分の心を整えるセルフケア

第４章　メンタル疾患を支える制度・保障

第1章

メンタル疾患の家族と共に

あ、起きてきた
シャー
はっ
シャーッ
誰か来てー!
ビ

第1章では、2003年に夫がうつ病を発症してから現在に至るまでの日常を、エピソードと共にご紹介します。初めての精神科受診、休職と復職を繰り返しながらの仕事生活、度重なる自傷行為と自殺未遂、入院、そして双極性障がいへの変化……目まぐるしく変わる病状に振り回され、本人も家族も、心の休まらない日々を過ごしました。

また、毎日が台風のようだった当時を振り返り、「あの時はこうすればよかった」「あれはこういうことだったのか」など、自らの後悔や反省も記しています。

当時29歳だった夫も、今や47歳。まだ寛解したとは言えませんが、新しい職場で人間関係を築き、安定した生活を送っています。

1 夫が「うつ」になった日

ラクダのような大きな目に、豊かな眉毛を持つ夫。彫りの深い外国人のような顔立ちで、誰とでも気さくに話す人懐っこい性格の彼は、当時29歳。営業マンとして忙しく働き、充実した日々を送っていた。

努力が報われ、若くして営業所の所長を任されるようになったものの、責任者としての重圧は相当のものだったのだろう。いつからか、表情の乏しい日が続くようになっていた。

あの日のことは、今でもはっきりと覚えている。12月のある朝。まだ外が薄暗い時間に、私は布団の温もりに名残惜しさを感じながら、なんとか身体を起こした。

瞼に重さを感じながら台所へと向かい、朝食の支度を始める。

いつものようにパンを焼き、卵を載せたところで6時になった。普段であれば子どもたちより先に起きてくる夫が、珍しく、今朝は姿を現さない。階下から呼びかけても反応がない。

おかしいなあ。夫は、いつも気持ちよく起きられる人だ。朝が苦手な私には、彼の寝起きの良さがうらやましい。不思議に思いつつも、なんといっても主婦の朝は大忙し。今は夫に構っている余裕はない。子どもたちを起こして朝食を食べさせ、学校に送り出さなければ。

長男と次男がバタバタと登校し、ようやく一息ついたところで、いつまでたっても起きてこない夫の元へと向かった。

「起きないの？ 今日は遅くていいの？」

「……」

「ねえねえ、会社に行かないの？」

「……行きたくない。」

消え入りそうな声で返事をした彼は、布団にくるまったまま、しくしくと泣き出した。状況が飲み込めず、面食らう私。

とりあえず夫の勤務先へ電話をして「体調不良で休みます」と伝えた。夫の上司は電話口で「がんばり過ぎて、疲れているのでしょう。二、三日ゆっくり休むように伝えてください」と、なんとも優しい言葉を掛けてくださった。

しかし、この朝を境に、夫はしばらく仕事を休職することになるのだった。

「うつ病」とは

「うつ」は、精神的・身体的なストレスが重なるなど、さまざまな理由から脳の働きが鈍っている状態です。以下に挙げるような症状が二週間以上続く場合、うつ病と診断される可能性が高いです。

・眠れない
・食欲がない
・イライラ
・自分を責める
・思考力が落ちる
・死にたくなる

治療法としては、薬物療法のほかに認知行動療法が有効です。周囲の人は、誰よりも焦っている本人をそっと見守ることが大切です。「『がんばって』は言わない」というのは周知されてきましたよね。

また、判断力も低下し、考え方も否定的になっている状態です。「退職」や「離婚」などの決定は、先送りした方がよいでしょう。こうしたできごとが自傷行為や大量服薬、自殺企図（自殺を企てること）、自殺未遂といった大きな事故につながるリスクがあります。無気力で動けない状態より、治りかけて少し動けるようになった時こそ、注意が必要です。

まずは、いつもと変わったところがあれば、すぐに声を掛けてみましょう。あなたの一言が、大切な人をメンタル疾患から守る防波堤になるかもしれません。

2 どの病院を受診する？

頭まですっぽりと布団をかぶり、カタツムリのようになっている夫の元へと戻り、上司の方からの言葉を伝えた。すると夫は「俺、うつ病なんだ。病院へ行く」と言い出すではないか。あまりに急な展開に、頭がついてこない。

当時、2003年。まだスマホはなく、「うつ病」もまた、身近ではなかった。「精神病院」と「心療内科」の違いさえもわからない私は、タウンページを開いて、目についた病院に片っ端から電話した。

そこで初めて知った事実。精神科は、どこもかしこも予約制なのだ。当日受診の患者を受け付けてくれる病院は、ほとんどない。「受診まで三カ月待ち」という病院もあったほどだ。何軒もの病院に断られたのち、ようやく受け付けてくれるクリニックを見つけ、受診することになった。

観葉植物が置かれた小綺麗な待合室に座り、名前が呼ばれるのを待つ。病院というより、お金持ちの家といった雰囲気が漂う待合室だったが、並んで座って診察を待つ人たちの表情は、なんとなく暗いように思える。物珍しさにキョロキョロと周囲を伺う私とは対照的に、夫はやつれた表情で、ぼんやりとしている。そうするうちに、重そうな木の扉の向こうから、夫の名前を呼ぶ声が聞こえた。

「校長室みたいやなぁ。」

これが、診察室に足を踏み入れた時に私が感じた印象だった。重厚感のある木製机と、見るからに上等な感じの椅子。これにソファがあれば、完全に校長室だ。

ところが、そこに腰掛けている医師といえば、なぜか寝癖が付いたボサボサ頭。そして向かいには、椅子にちんまりと収まっている夫。まるで「校長先生に叱られる生徒」の図だ。ゴージャスな室内とのアンバランスさに、私は不謹慎にも半笑いをこらえ切れなかった。

「どうしましたか?」と問う医師に答えるかたちで、夫はぽつぽつと話し出した。

食欲がありません。
早朝に目が覚めてしまいます。
今までできていた仕事が、できなくなってしまいました。
仕事をしてもしても、空回りしてしまいます。
効率が悪く、集中力もありません。
納期に間に合わせるために、女子事務員を朝の４時まで残業させてしまいました。
自分を責めています。
周囲の目が気になります。
人が妬ましいです。
人間関係がぎくしゃくしています。
眠れません。
仕事で失敗する夢ばかり見ます。

泣きながら訴える夫の話を眉一つ動かさずに聞いていた医師は、「抑うつ傾向ですね」と言った。

しかし、医師は続けて「母親の愛情が足りずに育ったことが原因だ」というようなことを述べるではないか。義母の名誉のために断っておくが、彼女は息子である夫のことが大好きだ。愛情不足だと感じたことなど、一度もない。また、夫から「母親から愛されなかった」といった話を聞いたこともない。

「えっ？　さっきの夫の話と、義母の愛情うんぬんは関係ないでしょう？」と不信に思いつつも、「校長室」の雰囲気に気後れして口に出せない私。医師は夫に棒を渡して、「過去」を叩くように指示する。意味がよくわからないままに、棒を振る夫。そして、ブンブンと音を立てながら、虚しく空を切る棒……。これは一体、どんな治療なのだろう……。

その後、窓口では大量の薬が処方されたものの、何の薬なのかの説明もなし。解せない気持ちで病院を後にしたのだった。

難しい病院選びと医師探し

①何科にかかるのか

メンタルが調子を崩した時は、「精神科」「神経科」「心療内科」を受診します。似た名前に「神経内科」がありますが、こちらは脳や脊髄、神経、筋肉の病気を診る内科で、メンタルの不調は扱っていません。

おおまかな分類として「精神科」「神経科」は心に特化した診療科で、「心療内科」は心が原因で身体に症状が現れるものを診療します。ただし、厳密な線引きがあるわけではないので、あくまで知識として捉えてください。

②病院かクリニックか

医療機関は、規模の大きさ（病床数）によって、「病院」と「クリニック（診療所、医院）」の二つに分けられます。大学病院などの大きな病院には、検査・

入院の施設が整っているなどのメリットがある一方で、待ち時間が長い、頻繁に医師が入れ替わるため、担当医が変更になる可能性が高いといったことも、視野に入れておいてください。

クリニックは、「どの分野が得意なのか」を押さえておく必要があります。ホームページをチェックしたり、事前に電話を掛けて症状を伝えるなどして確認しておきましょう。せっかく予約を取りつけて受診したものの、認知症や小児発達障がいの専門医だったりすると、当てが外れてしまいます。

③継続して通院できるか

メンタルの不調は、一度や二度受診したからといって、すぐに完治するものではありません。腰を据えて、ある程度長期的な心構えで治療に臨むことが必要です。そのため、継続して通いやすい場所にあるか、診療時間は平日だけなのか、夜間の診療はあるかなどもチェックするとよいでしょう。

④何よりも大事なのは医師との相性

病院選びの最重要ポイントにして最大の難所は、医師との相性です。信頼できる医師に出会うのは、非常に難しいことなのです。

「良い医師」の判断基準は、人それぞれ違います。サバサバした先生が好きという人もいれば、丁寧に話を聞いてくれる人に任せたいという人もいるでしょう。

これは精神科に限ったことではありませんが「医師がきちんと説明をしてくれるか」は、重要なポイントです。一方的に治療法を指示するのではなく、患者の意思を尊重してくれることが、今後の治療に有効となるでしょう。患者が不安に思ったり、拒絶感を表したりした時には、きちんと誠実に向き合ってくれる医師が信頼できると思います。

初回の診察であまりしっくりこなくても、まずは三カ月だけ通院してみてください。三カ月経つと、お互いに良い意味で慣れてきますし、服薬があれば薬も効果が出てきています。転院を考える時は、一回だけで判断してしまわずに、何回か受診してみてから検討しましょう。

3 薬は止めた時にこそ効果がわかる

夫が初めてクリニックを受診した日から、半年が経った。二カ月前からは、仕事にも復職している。

義母は「うつ病は長くかかると言うけれど、こんなに早く治るなんて運が良かった」と喜び、私たちは、家族旅行の計画で盛り上がっていた。のんきにも、「やっと普通に戻った」「これが当たり前の生活だ」と思っていたのだ。

実はこの時期、夫は自己判断で通院を止めていた。メンタル疾患は目に見えるケガとは違い、患者には治療の経過が見えない。症状が落ち着いてきた夫にしてみると、平日の昼間に仕事を休み、高い医療費を払ってまでして受診する必要はないと思えたのだろう。

でも、今にして思うと、夫も、私たち家族も、うつ病というものを全然理解していなかった。夫の症状が安定していたのは、薬のおかげだったのだ。それなのに私は「心の病気なのに、薬で治せるの？」と、当時は疑問さえ感じていた。

そう。薬は止めた時にこそ、効果が明らかになる。通院を止め、服薬せず、これまでのように仕事に勤しむ毎日。そして楽しみにしていた家族旅行を果たした後、また少しずつ、夫の表情は陰っていった。気づいた時には半年前の状態に戻り、再び仕事を休職することになってしまうのである。

もちろん、薬を止めたことだけが原因ではないだろう。復職して、エネルギーをたくさん使ってしまったことも考えられる。家族旅行を目指してがんばってきた結果、目標を達成した途端に力が尽きてしまったのかもしれない。

この経験から「薬を飲んでいるから安定している」ということに気づいた私は、それからは服薬と真摯に付き合うことに決めた。当時は「いつまで飲み続けるの？」と不満を感じていたけれど、今では服用し続けることに抵抗はない。

だって、「たとえ薬漬けでも、生きてりゃいいじゃん」なのだ。

いつまで薬を飲み続ける?

「体調が良くなったので、薬は止めました」
「服用しても、効いている気がしません」
「副作用がひどいので、飲んでいません」

私が仕事で相談業務をしている時の「あるある話」です。好んで薬を飲み続ける人はいませんよね。しかし、「薬を飲んでいるから安定している」と考えることも必要かもしれません。

メンタル疾患では定期通院が必須ですが、体調が回復すると通院を止めてしまう人が多いものです。しかし、いきなり薬の服用を止めてしまうのは危険です。「離脱症状」に襲われる可能性もあります。

離脱症状とは、長期使用した薬剤や、依存性の高い薬剤を中止した時に起きるさまざまな身体的・精神的症状のことで、禁断症状とも呼ばれるものです。どうしても薬を飲みたくない場合は、漢方を処方してもらうのも一つの手でしょう。

本来であれば、薬の処方には医師と患者とのコミュニケーションが大事です。しかし現実には、一日に何人もの患者を相手にする医師は忙しく、一人ひとりとゆっくり話をする時間がありません。また、医師との関係次第では、患者も肝心なことを話しません。特に、症状が重く切羽詰まっている時などは、要領よく伝えることなどできないものです。

その結果、コミュニケーションにすれ違いが起こり、症状と違う薬が処方されることもあるのです。こうした事態を防ぐためにも、家族が客観的な視点から、医師に症状を伝えるのも一案です。いつまで飲み続けるのかと疑問に思っている場合は、その不安を医師に伝え、相談してみましょう。

4 子どもに防犯ブザーを鳴らされた！

うつ状態の夫。何に対してもやる気が起きないらしく、風呂にも入らないし歯磨きもしない。パンツさえも、最後に替えたのがいつなのかわからないという有様だ。でも、私が口出ししたところで、おとなしく従うわけもない。こういう場合は「ま、いっか」と放っておくに限る。

ある晴れた日の午後のこと。朝から晩まで敷きっ放しの布団から、珍しくのそのそと這い出てきた夫が、なんと、そのまま家の外へ出て行くではないか。毛玉の付いた、ヨレヨレのスウェットジャージ姿で。

ご近所さんの目は気になる。正直、かなり気になる。でも、外を散歩するのはよい気分転換になるでしょうと、自宅の二階の窓から、彼の背中を温かく見守っていた。

季節は春。道の両脇には、つつじの花が鮮やかに咲き誇っている。しかし、そんな花々には目もくれずに、よろよろと歩く夫。歩いているというよりは、ふらふらとよろめきながら動くその姿は、二十代だというのに、まるでおじいちゃんのよう。

ちょうどその時。学校帰りと思しき女の子二人組が、正面から歩いてきたのが見えた。黄色い帽子をかぶったあどけない少女たちは、夫を見ると、立ち止まり――

ビー！ ビー！ ビー！ ビー！ ビー！ ビー！

辺り一帯に鳴り響く、けたたましい防犯ブザーの音。

子どもらよ、それ正解。

夫は帰宅後、自ら風呂に入ったのだった。

身だしなみが自信につながる

うつ症状の一つに、「やる気が起きない」というものがあります。やる気が起きない状態の時は、何をするのもおっくう。おしゃれはおろか、最低限の身だしなみにも注意が払えません。ただし、「非定型うつ」と呼ばれる症状では、自分の好きなことだけはやる気が出せるケースもあるため、すべての人に当てはまるわけではありません。

さて、「ハロー効果」という言葉を耳にしたことはありますか？　ある対象を評価する時に、目立ちやすい要素に引きずられて、他の要素についての評価が歪められてしまう現象のことです。

例えば、仕立ての良いスーツを着ている人を見ると、「仕事ができそう」という印象を受けがちです。実際には、「服装」と「仕事ができる／できない」は無関係なのに、服装から受けた印象に、他のイメージも引っ張られてしまうのです。一方「ネガティブ・ハロー効果」もあり、夫のように身だしなみが崩れていると、怖い人、怪しい人と捉えられてしまいがちです。

うつ症状は、自信の枯渇からくるものがあります。「自分なんてダメな人間だ」という自己肯定感の低い状態で、ネガティブ思考に陥りがちです。病気の症状で身だしなみに構っていられないだけなのに、内面まで怪しい人だと思われてしまったら、余計に自信を喪失してしまいますよね。

そこで発想を転換してみましょう。「見た目」から整えるのです。髪をさっぱりさせる、丁寧に化粧をする、お気に入りの洋服を着る。すると、怪しい人に見られないのはもちろんのこと、何よりも自分に自信が持てます。外に出たくなるかもしれません。

たかが身だしなみ、されど身だしなみ。やる気がなく、何をするにもおっくうな状態でも、家族や周りが手伝って、ぜひ身だしなみを整えてみてください。きっと変化が起きますよ。ぜひ、あなたの大切な人にもお勧めしてください。

5 シリアスな空気を打ち破ったのは……

今日も今日とて、うつ状態の夫。彼は今、テレビを見たいらしい。だが、テレビは小学生の息子二人が占領中。譲る気配はない。

「テレビ、見たい。」

弱々しい声を発してみたが、案の定、子どもたちは即座に却下。

とっさに、夫が家を飛び出した。季節は真冬。外は肌を刺すような寒さだ。慌てて後を追うと、自宅から離れた駐車場まで走り、車に乗ろうとしている。一人で行かせるわけにはいかないと、すかさず助手席に乗り込む私。駐車場に車を停めたまま、夫を落ち着かせるべく話し掛ける。

「帰ろうよ。」

そう促す私に、

「居場所がない、居場所がない。」

ぼそぼそと繰り返す夫。どうやら「テレビが見られない＝自分は不必要な人間」という思考回路が働いた模様だ。なるほど。

話し合いは進まないままも時間は刻々と過ぎ、車に乗り込んでから数時間が経過した。ガソリン代を節約し、エンジンをかけずにいる車内は震えるほど寒い。いい加減、家に帰りたい。

それに加えて、困った事案が発生する。このタイミングで、私のお腹がゴロゴロしてきたのだ。

私だって、もう立派な大人である。間違っても、ここで粗相をしでかしてしまうようなことは避けたい。絶対にあってはならない。

「トイレに行きたいから、帰ろう。」

心の底から切羽詰まって訴えているというのに、夫には帰宅させる口実に思えるらしく、「帰れば」とそっけなく言われてしまう始末。

「一人で帰ってしまおうか」「いや、夫を残すわけにはいかない」という気持ちが頭の中でぐるぐる回り、もう我慢の限界……となった、その時。

「ぷぅ」

シリアスな空気に不釣り合いな、気の抜けた音が車内に響いた。ほどなくして臭いが広がる。

「しまった!」と固まっている私の横で、夫の口から笑みがこぼれた。釣られて、私も照れながら笑う。張りつめていた空気がほぐれ、二人で車から出て、家に帰った。

「笑い」は幸せを引き寄せる

メンタル疾患の当事者や家族は、笑えない日も多いことでしょう。病気と真剣に向き合うことは大切ですが、深刻になりすぎてしまうのも、つらいものです。楽観的な思考を失わず、余裕を持って対応するのに必要なのが「笑い」です。

「笑う門には福来たる」ということわざがありますが、「笑い」には医学的にも大きな効果があるそうです。笑うことによって、脳内モルヒネとも呼ばれるドーパミンやエンドルフィンなどが大量に分泌され、幸福感をもたらし、精神の安定にもつながるというものです。この「笑い」は、心の底から笑う必要はないそうです。口角を上げ、目じりを下げて、笑顔を作るだけでも効果があると言います。

どうか、一週間だけでも試してみてください。うまく脳を騙すことができたら、「幸せ」に近づきますよ。

6 久しぶりの夫の熱意。でもそれは……

ある日、夫が突然「パチンコにでも行こうかな」と言い出した。一瞬、「ん？」と思ったが、気を取り直して考える。毎日、朝から晩まで家にこもりきりの夫。パチンコであれどこであれ、気晴らしに外に出るのは良いことなのかもしれない。家計からお金を渡し、優しい気持ちで送り出すことにした。

しばらくして帰宅した夫は、ここしばらく見ることのなかった、生き生きとした表情を浮かべていた。

「今日は負けたけれど、あの台は絶対、明日は爆発（大勝ち）する。お願い！　明日も行きたい。」

久しぶりに聞く、夫の熱い発言。思わず、次の日もお金を渡してしまう。でも、誰だって予想がつくだろう。案の定、夫は負けて帰宅し、懲りずに再び口にするのだ。

「明日だけ！　もう絶対に明日でパチンコは止めるから！」

これが最後だよ、と念を押し、翌日も出かける夫を仕方なく見送った私。なんだか胸騒ぎがして、落ち着かない気持ちで夫の帰りを待った。

嫌な予感は的中。なんと夫は自宅のローン返済のために工面していたお金に手をつけたのだ。その金額、数十万円。

大黒柱が休職中で、ただでさえ家計は火の車。その中での数十万は、大金中の大金だ。身を削るようにして貯めた虎の子に手を出されて怒り狂おうが、いかりや長介風に「だめだこりゃ」と嘆こうが、ギャンブルに消えてしまったお金は、もう戻ってこない。

私は頭を抱えた。これからどうやって生活しよう。これ以上、何を節約しろというのだろう。当時、我が家は育ち盛りの子ども三人を抱えていた。成長過程の子どもたちの食事は減らせない。そしてたどり着いた結論、「よし、自分の食費をなんとかしよう。」

突如としてダイエットを敢行させられることになった私の一日は、朝食なし、昼食はおにぎりのみ。この強制ダイエット、かなり痩せる。決してお勧めはできないが……。

この年、さらに悪いことは重なり、リビングのクーラーが壊れてしまう。しかし、修理するにも買い替えるにも、元となるものがない。熱中症が不安になるほどの猛暑の中、扇風機だけでやり過ごすこと三年。あんなに遊びに来ていた友達も、ピタリと訪ねて来なくなったのである。

お金は生活の基盤

大黒柱が病気になって困ることは、やはり収入が途絶えてしまうことです。医師は「病気は休養が大事！　仕事は休んでゆっくりと過ごしましょう」と言います。それはもちろん正論ですが、働かずにどうやって生活すればよいのでしょう。

第4章で詳しく説明しますが、健康保険等の被保険者であれば、休職中であっても「傷病手当金」として給与の6割程度を受け取ることができます。しかし、最大で1年6カ月しか受給できません。では、その後は？

収入がない以上、節約できるところは節約するしかありません。私はまず、保険の見直しを行いました。子どもたちの学資保険は「貸付制度」（自分が掛けた月々の保険代金からお金を借りる制度。返せないと満期金がその分だけ減る）を使いましたが、そのうち月々の保険料を支払うのが難しくなり、解約しました。

住宅ローンを組む際に団体信用生命保険（契約者が死亡・高度障がい状態になった時などに、残りのローンを肩代わりしてくれる住宅ローン専用の生命保険）に入りましたが、「精神の病気は対象外」と紙切れ一枚で断られました。こんな時に使えない保険を支払う余裕はないので、解約。そのほかの生命保険も、全て解約しました。

夫の場合は休職が長期にわたり、我が家は傷病手当ではまかないきれなくなりました。そこで、私が二つの仕事を掛け持ちし、昼は事務職、夜は飲食店のパートとWワークに勤しんで、なんとか乗り越えたのでした。

7
「いつもと違う」を見逃さない

クーラーが壊れてから、三度目の夏のこと。流れ落ちる汗の不快感に耐えながら、家族で黙々と夕食を食べていた。扇風機の風は生ぬるく、気休め程度の涼しさしか運んでくれない。

家族みんなでノースリーブ、息子なんて上半身裸の中、たった一人、長袖のTシャツを着ている人物がいる。もちろん、夫だ。

夕食後、明らかに不自然な様子の夫に「何した?」と尋ねた。たくし上げた袖の下に見えたのは、腕に引かれた何十本という赤い線。自分で自分の腕を切りつけたのだ。

当時の私は、夫の苦しみに目を向けることができずにいた。そして、自傷行為を繰り返す夫のことを「なぜ、こんなことをするのだろう」と、理解できない存在として捉えていた。こんなにも自分を苦しめる夫を腹立たしく思い、憎しみの感情すら抱いていたのだ。

心の中の苦しみは、誰にも見えない。今にして思うと、彼は腕に傷をつけることで、自分の心の痛みや苦しみを表していたのだろう。「苦しい、苦しい」とその腕は叫んでいたのだ。

サインに気づく

身体や心はある日突然不調に陥るのではなく、その前から何らかのサインを送っています。口数が減った、表情が暗い、元気がない、ため息が多い、あまり眠れない……。こうした「いつもと違う」が不調のサインです。家族ならでは気づける変化も多いのではないでしょうか。このサインに早めに気づくことができれば、早期に治療を開始できます。そして、早く治療を始めれば始めるほど、治療期間を短縮でき、回復も期待できます。

明らかに違和感を醸し出していた、この「真夏の長袖Tシャツ事件」。おかげで、当時の彼の苦しさに気づくことができました。まずは、日頃から相手を注意深く観察していること。すると、些細な変化にも気づくことができます。いつもと変わったところがあれば、「何かあった?」「大丈夫?」などと、早めに声を掛けてください。再発の時にも大変役に立ちます。

自戒を込めて言いますが、「なんか、いつもと違うなあ」と感じているだけでは、治るものも治りません。

8 初めて「死」を身近に感じた日

仕事に復職してしばらく経った頃のこと。ある日、仕事に行っているはずの夫から着信があった。電話口から聞こえてくるのは、何を言っているのかわからない、呂律《ろれつ》の回らない声と、すすり泣く音。

危険を感じ取った私は、「山にいる」ということをなんとか聞き出して、夫の元へと急ぐ。子どもたちの声を聞かせたら、彼も落ち着くのではないかと考え、子どもたちも一緒に連れて行くことにした。

しかし、私の緊迫した様子が怖かったのだろう。9歳の長男は電話に出ようとしない。次男が無邪気に「お父さん？　どうした？」と話し掛けたものの、「なんて言いよるかわからない」とお手上げの様子だ。私は子どもたちに不安を悟られまいと、努めて明るく「もう、お父さんたらイヤねぇ。飲み過ぎて、酔っ払っちゃって」と言うのが精いっぱいだった。

山頂手前の駐車場の一番奥に、夫の車は停まっていた。ドアを開けると、車内からは酒の臭いに交じって、鉄のような血の臭いがした。足元には、ワンカップの瓶と、大量の薬の殻が散らばっている。

身体には、何十箇所もの切り傷。でも、見たところ、呼吸はある。とりあえず生きていたことに安堵し、子どもたちに傷が見えないように隠しながら、フラフラする夫を背負って家へと戻った。

どうしていいのかわからないまま、眠れぬ夜を過ごしたその日。一夜明けて落ち着いた夫に、「死にたかったのか」「傷つけたかっただけなのか」「再びするつもりなのか」と、尋ねた。すると夫は「自宅の階段で首を吊って……」と具体的な計画を話し出すではないか。すぐさま、カッター、ハサミ、ロープ、紐などを夫の目に届かないところへと隠したのは言うまでもない。しかし、私の心の中は常に不安でいっぱいとなり、家の階段を見るのが恐ろしくなってしまった。

当時、夫は夜にゲームをしてから寝るのが日課だった。私はといえば、彼がゲームを終えて眠りにつくまでは、安心して寝ることができない。私が寝ている間に夫が何をするかわからない。いや、もしかしたら、夫は自死する前に家族に手をかけるかもしれない。そうなったら、子どもたちだけでも守らなければ――あまりの不安に、こんな思考まで現れたほどである。

まだ赤ん坊だった娘のために、夜は二時間おきに起きて授乳していた時期のこと。ただでさえ眠い身体にむち打って、夫より早く寝まいと耐えた日々だった。

9 はじめてのにゅういん

「はじめてのおつかい」風のタイトルにしてみたが、実際、医療の仕事をしているわけではない私にとって、夫の入院はドキドキ連続の初体験だった。

車内で自殺を図った後、夫は入院することになった。かかりつけのクリニックには入院設備がなく、地域でも有数の大病院の精神科病棟に入院することになった。もう何十年も前に建てられたその古い病院の中は、診療科ごとに色で分けられていた。

夫に面会するために訪れた私が目指すのは、精神科の緑色。ピンク色の内科、黄色の外科、紫色の消化器科……と、色とりどりの案内の中から緑色を探し、壁に貼られた案内をたどりながら、廊下を進んでいく。奥へ奥へと進むうちに、何色もあった案内が一つ、また一つと減っていき、いよいよ最後の一つになったその先は、突き当りだった。

突き当りの壁に設けられた銀色のドアを開けると、そこは屋外で、人がようやくすれ違えるくらいの細い道が続いている。「まだ着かないのか」と少し驚きながら、くねくねとした道を歩いて行くと、左手には花壇が、そしてその向こう側には、窓という窓に鉄格子がはまっている建物が見えた。

建物の入り口は施錠されていたため、ドアの横にあるインターホンを鳴らす。ガラス戸の内側はナースステーションのようで、看護師数名の姿が認められた。出てきた看護師にあいさつし、面会ノートに記帳すると、「こちらです」とホールへと通された。

そこには、さまざまな年代の方がいた。男性も女性もいる。数名で話している人たちもいれば、廊下をひたすらに歩き続けている人もいる。入院患者らしき男性が私の方に近寄ってきたが、そばに居た男性看護師が制した。

「呼んできますので、こちらに掛けてお待ちください。」

椅子を勧められ、そこで夫を待つことになった。落ち着かない。どことなく違和感がある。しばらくして、違和感の正体に気づいた。皆一様に表情がないのだ。グループになって話している人たちにも、笑顔は見当たらない。廊下を延々と歩き続けている女性も、表情を変えずに端から端まで歩き、壁まで行き着いたらくるりとUターンして、また元来た道を歩くことを繰り返している。

すると突然、「キャッホー！」という奇声が聞こえた。声のした方を見ると、上半身裸の若い青年が両腕を挙げて走ってくる。ぎょっとして身を硬くしていると、看護師が後ろから駆け寄り、彼を捕まえる。

なんだろう、この異世界な感じは。初めて経験する不思議な空間に、緊張感で石のようになっていたところ、長い廊下の向こうから見知った顔がやってきた。夫だ。

ほっとしたのも束の間、こちらへと歩いてくる夫の顔が、他の入院患者さんたちにも負けず劣らず無表情であることに気づき、思わず身構えてしまう。

「どう?」

「だめ。テレビがない。」

テレビが大好きな夫。どうやら、6人部屋の病室にテレビがないことに、非常にがっかりしているらしい。「こんなことなら入院するんじゃなかった」と悔しがる夫を横目に、「テレビがないことが事前に知られなくて、本当によかった」と、ひそかに胸をなで下ろしたのだった。

入院は家族の心の平安にもつながる

今、この本を読んでいるあなたは、疲れていませんか?

病気の家族を看ることは、身体的にも精神的にも負担が大きいものです。身体の病気は、検査数値などを確認することで「少し良くなってきた」「今は安定している」などと周囲が察することもできるかもしれません。しかし、目に見えない精神の病気は、傍からは病状が図り知れない点がつらいところです。

メンタル疾患に苦しみ、布団から起き上がれないような状態は心配ですよね。また、家にこもりきり、朝から晩までテレビやゲームにかじりついているような状態は、共に暮らす家族として不満が積もるでしょう。さらに、何日も家を空けたまま帰ってこないとか、何度も自傷行為を繰り返すようになってくると、もう手に負えません。こちらの精神状態が参ってしまいます。

たとえ家族であっても、メンタル疾患の患者とずっと一緒にいるのは疲れるものです。近くにいすぎると、ささいな言動が目についてイライラしたり、いらぬ喧嘩をしてしまうこともあるでしょう。こうした喧嘩は、百害あって一利なし。あなたの心のもやもやがスッキリすることもなければ、家族の病気の回復にも役立ちません。

精神科病棟の入院は、「鉄格子」や「身体拘束」などのイメージが先行し、実態があまり明らかになっていません（鉄格子は現在はあまり見られません）。そのため、入院に対してネガティブなイメージを持っている方もいるかもしれません。しかし、私にとって、入院は「安心」そのものでした。入院中は行方不明になることも、自傷行為に及ぶこともないからです。

第４章で詳しく説明しますが、入院には主に「任意入院」「医療保護入院」「措置入院」の三種類があります。重篤な状態になくとも、任意入院として自分から入院を希望することもできるのです。任意入院の場合は、希望すれば退院することも可能ですので、少しの間、家族と離れて暮らしたい方や、自分を落ち着かせたい方にお勧めします。ただし、症状が安定しているにもかかわらず「楽をしたいから」という理由で入院できるものではありません。

適度な距離を保つことは、互いにとって良い効果をもたらします。入院をポジティブに捉えて、ぜひ羽を伸ばしてください。

10 誰だって「第一発見者」にはなりたくない

携帯電話が鳴った。着信画面に表示されたのは、義母の名前だ。珍しいな、と思いながら、通話ボタンを押した。聞こえてきたのは、いつもの明るい声ではなく、低いトーンで話す義母の声。

「今ね、病院にいるの。警察から電話があって、救急車で運ばれたの。」

夫が!? サッと血の気が引く。私は着の身着のまま病院へ急いだ。

病室に入ると、夫はベッドで眠っていた。山の頂に車を停め、飲酒と大量服薬の上に、自分のネクタイで首を吊ったとのこと。気を失っていたところを警察に保護されたという。

義母と付き添いを交代し、ベッドの横の椅子に腰かける。消灯した病室で夫の顔を見つめていると、「なぜ、どうして……」「もっと話を聞いてあげればよかった」などと、さまざまな感情が駆け巡る。

夫はこれまでに、幾度となく自殺未遂を繰り返してきた。いつしか私自身も彼の自殺企図に慣れてしまい、感覚が麻痺していたのかもしれない。こうして病院に運び込まれる日が来ることを予期していたとも言える。

また、「現場」ではなく、病院で会えたことにほっとしたことも事実だ。なぜなら、私は常に「第一発見者」になることに怯えていたのだ。「〝その時〟には、冷静にしていられるだろうか」「ちゃんと対応できるだろうか」——いつもそんなことを頭の片隅で考えながら、生活していた。

後悔や腹立ち、そして自分のエゴ……向き合いきれない感情の数々が、私の心を重く支配していた。

11 これを「最後の遺書」にして

夫は片手で足りないほど自殺を企て、何枚もの「遺書」をしたためた。幸いなことに、すべては未遂に終わったが、そのたびに、もう自殺をしようと考えないでほしい、これを最後の遺書にしてほしいと願ったものだ。

死にたくないのに、死ななければならないという衝動的になっております。
仲間もダメ、家族もダメならもうどうしようもなかやろ
ただ死んだらいくつかお願いがあります。
葬式は盛大にやってほしい。

●●（当時の勤務先）の●●さん（元上司）に頼んで赤のランナーマットで通路にしいてほしい。
流してほしい音楽はさや侍のテーマSIONの砂の城、野狐禅のカモメ、後は任せる。あ、シーグラスも。

●●（長男）、●●（次男）、●●（長女）ごめんね
おかあもゴメンネ
冷静じゃない。
友達（仲間）とはゆっくり色々話したかったなぁ
家族も自分の中ではやったつもりやったとになぁ
皆さん、ぜんぜんダメ人間ですみません。
悔いはものすごくある　あれもしたい　これもしたい。
涙はとまらんけど、なんかふっきれた気分です。

まだまだ書き足りないこと、たくさんあるとになぁ
それじゃあ　バイバイ

「あなたに死んでほしくない」と伝える

公然と言えることではありませんが、夫は何度も自殺未遂を繰り返しました。そのたびに私は「生活するのに必死だった」という言い訳をしながら、「話を聞いてあげればよかった」と後悔したものです。

家族だからこそ、素直に話を聞くことができなかったのも事実です。そうした過去の自分の失敗や葛藤から、この本ができたと言っても過言ではないでしょう。ムカついたり、イライラしたりしながら、本当に少しずつ少しずつ、家族としてのあり方を模索してきました。

支える家族にとっては残酷な話ですが、自殺は阻止できないものです。本人が「死にたい」と思うのであれば、それが本人の意思である以上、止めることはできません。「自殺なんて止められる」という自信があるならば、それは、うぬぼれだとしか言いようがありません。

しかし、「もう死ぬしか道はない」と考えて死を選ぼうとしているのであれば、それを防ぐ方法はあります。本人には、視野狭窄が起きています。視野が狭まり、死ぬこと以外の選択肢が見えていないのです。思考が硬直化し、物事を柔軟に考えることもできない状態です。

こうした場合は、まずは「あなたに死んでほしくない」「あなたに生きていてほしい」と明確に伝えることが重要です。その上で、ストレスの原因となっているものを排除することや、ストレスの原因から逃げることを一緒に考えてほしいのです。例えば、職場の人間関係が原因で「もう死ぬしかない」と考える人には、「配置転換してもらう」「仕事に行かない」「退職する」などを検討することができるでしょう。

また、私の夫の時のように、大量飲酒、過量服薬、自傷行為などを起こした場合は、そのまま放っておくのはリスクが高すぎます。すぐにかかりつけ医に連絡し、入院の手続きを取りましょう。

もしそれでも命を絶ってしまったら？　自殺や自殺企図は、残された人に多大な心理的影響を及ぼします。「なぜ気づいてあげられなかったのだろう」「助けられたかもしれないのに」という、苦しみが苦しみを生む結果をもたらすのです。

しかし、それはすべてあなたの責任ではありません。決して自分を責めないでください。家族であれ友人であれ、自分以外はすべて別人格の人間です。本人が意思を持って臨んだことは、他人に止めることはできないのです。時に、あなたの優しさをもってしても難しいことがあると、どうか覚えておいてください。

12 溺れる人を助けた夫

自宅から歩いて10分ほどのところに、大きな公園がある。海を埋め立てて造られたその公園は、犬を散歩する家族、スケートボードの若者など、みんなが思い思いに過ごせる場所だ。休日には食のイベントなども開かれ、多くの人でにぎわっている。

数カ月の入院を経て夫が自宅へ戻ったある日のこと。入院中はあまり体を動かすことができなかっただろうと思い、私は夫に「公園へ走りに行こう」と提案した。

準備に時間がかかった私は、夫に「先に行ってて」と伝え、夫を追いかける形で家を出た。その間わずか数分だったが、思いのほか大きく差を付けられてしまったらしく、先を行く夫の姿がなかなか見つけられない。

ようやく公園の入り口が見えてきたその時、夜の闇を煌々と照らすパトカーの光が目に入ってきた。「ドキッ!」と、心臓が大きく跳ねる。

人だかりができているところへと、全速力で向かう。先に着いているはずの夫の姿を探すが、見当たらない。近くにいた人に声を掛ける。

「何かあったんですか?」

「よくわからないけれど、人が海に落ちたみたいですよ。」

海に落ちたのは夫だろうか。ざわざわと心が波立つ。

不安に押しつぶされそうになっていると、突然、ずぶ濡れになった夫が目の前に現れた。驚きや安堵、さまざまな感情が駆け巡り、自分の顔が歪んでいることがわかる。私が言葉を発する前に、夫が口を開いた。

「海に人が落ちたみたいで、引き上げてきた。」

夫の話によると、彼が公園に着いた時、すでに人だかりができていたらしい。みんなが指さす方向を見ると、人が溺れている。警察が救助を試みているが、大人の男性が二人がかりで引っ張っても、ぐったりした人間をなかなか陸に上げることができない様子だ。そこで夫も海に入って手伝い、ようやく引き上げることができたという。

確かに、以前から夫にはそんなところがある。自分が正しいと思うことであれば、人が躊躇するような場面でも、すぐに行動できる人。

後日談になるが、夫が助けた方は、誤って海に落ちたのではなく、自ら海に飛び込んだのだという。数日前まで「死にたい病」にかかり入院していた夫が、今まさに自殺しようとしている人を助けたという、不思議なめぐり合わせだった。

今回の件では、後日、警察署長より感謝状を

いただいた。メンタル疾患の渦中にあり、つい、夫の負の面ばかり目についてしまう日々。しかし、今回の件を通して、改めて彼の良い点にも思い至ることができたのは、私にとっても大きな「事件」だった。

病気の姿にとらわれない

例えば、道端で車にひかれた猫を見た時、あなたはどのような行動をとりますか？　私は猫が好きですが、死体に触れることはできません。どうにかしてあげたいと思っても、きっと避けて通ることしかできないでしょう。

私の夫は、道路で息絶えた猫を見ると、運転中であっても車を路肩に停め、もうそれ以上悲しい姿にならないようにと、道路の端に移動させてあげるような人です。そうすることが当然であるかのように、ためらうことなく行動します。

病気を持った人が取る行動は、あなたにとって不快なものもあることでしょう。私も、病気になった夫のことを、心のどこかで迷惑だと感じていたのを否めません。病気の姿にとらわれ、彼の嫌な面ばかりが目についてしまい、本来の優しい夫を見ようとしていなかったのではないかと思います。

今からでも構いません。家族の長所、素晴らしい面を探してみてください。「良いところを探そう」という気持ちは、きっとあなたの態度に表れることでしょう。そしてそれは、あなたの大切な人の症状に良い変化をもたらすかもしれません。

13 真実をすべて伝えなくてもいい

仕事がきっかけとなってうつ病を発症し、休職と復職を繰り返してきた夫だが、当時の勤務先には愛着を持っていた。まだ若い20代前半の頃からお世話になってきた会社。「かわいがってもらった」「育ててもらった」という恩も感じていた。

実際、情に厚い、温かい会社だったのだ。メンタルの病気を患って休職してからも、クリスマスにはケーキが、お正月にはおせちの重箱が届いた。「ゆっくり休んでください」という手書きのメッセージも添えられていた。休職した当時は子どもが生まれたばかりであったため、家族の生活を気に掛けてくれ、傷病手当が給付されるまでの期間は、いつもと変わりない額の給与を毎月支給してくれた。今振り返っても、本当に感謝しかない。

そんな優しい会社を解雇されたのは、夫の自傷行為が原因だった。夫の病気は、長い療養生活の中で、うつ病から双極性障がいへと変化していた。そして、躁状態にあった夫が、自分で自分の指を切り落としたのだ。

切断騒ぎから数日後、勤務先から呼び出しがあった。入院中の夫に代わって出向いた私に、人事の方と直属の上司の方は、非常に言いにくそうにしながら、こう告げた。


「就業規則に照らし合わせた結果、退職をしていただきます。」


仕方のないことだ。夫の自業自得である。これまでよくしていただいた数々にお礼を言い、私は会社を後にした。

しかし、私は頭を抱えていた。勤務先のことが大好きな夫に、何て伝えよう。「解雇になった」とは言いづらい。また、入院中の彼にこの話をするのは適切だろうか。

明るいニュースとは言い難いこの話が、彼の衝動的な行動の引き金となってしまう可能性もある。

悩みに悩んで、結局、私が勝手に会社を辞めてきたことにした。「事業所は早く復帰してほしいと思っているけれど、今は難しいよね。会社の意向に添えないので、退職届を出してきたよ」と。夫は自分の状況を鑑みて、「わかった」と理解を示した。

とはいえ、夫は自分の意思で辞めたわけではないため、退院後も幾度となく「会社に戻れるかな?」と口にした。そのたびに、私の心はチクリと痛んだ。しかし、そうした気持ちはひた隠して「ハードな仕事に戻らなくてもいいんじゃない?」と、明るい口調で返事をすることを心掛けた。夫が会社を辞めた(辞めさせられた)ことを後悔しないように、「辞めて正解だったよね」と思わせるよう、努めていた。

それから年月が過ぎ、症状もずいぶん安定したので、夫には真実をすべて伝えた。しかし、彼のメンタルが不安定なままだったなら、今なお、うそをつき通していただろう。あの時どうするのが正解だったかは、わからない。

「うそも方便」と言うけれど

うそは、たとえそれが軽微なものであっても、身体に悪影響を及ぼすとされています。うそをつくと脳に負担が掛かり、ストレスを引き起こします。ストレスはやがて他のストレスとも絡み合い、身体へと影響を及ぼすのです。

一方、世の中には「必要なうそ」や「優しいうそ」もあります。家族が作った手料理がいまいちだったとしても「おいしいよ」と食べたり、友人に勧められた音楽が好みと違っていたとしても「いい歌だね」と言ったり。こうした「思いやり」とも言えるうそは、良好な人間関係へとつながっていくものです。

ただし、どんなに大切な相手のためを思った優しいうそであっても、うそには「ストレス」という自己犠牲が伴います。うそをつき通すのも、途中で真実を白状するのも、あなたには負担が生じることを心に留めておいてください。

14 話を聞く時は「他人スイッチ」をオンにする

夫「みんなに嫌われているんだ。」
私「みんなって誰?」
夫「友人たちみんな。」
私「具体的には、誰?」
夫「それはわからんけど……。」
私「それじゃ、嫌われてないんじゃない?」
夫「いや、絶対に嫌われてる。」
私「なんでそう思うと?」

夫「絶対そうやけん。顔見たらわかる。」

堂々巡りのこの会話。もう何回繰り広げてきたことか。最初は冷静に耳を傾けていても、何度も繰り返される、根拠のないネガティブワードに次第にイライラ……。最後には耳を塞ぎたい気分になり、心を無にして黙り込んでいたものだ。

きっと、赤の他人なら、なんてことない話だろう。右から左へ聞き流せるものなのかもしれない。しかし、家族となると、その近すぎる距離感があだとなり、感情が爆発してしまいがちだ。私も、我慢できずに「いいかげんにしてよ!」と言いたくなったこと、しばしば。いや、実際に口にしてしまったこともある。

しかし、頭を冷やして考えると、強い口調で反撃したところで、夫は何も変わらない。イライラしても、自分やほかの家族が損をするだけだ。負のループを断ち切るために、ここは私が変わらなければ。

どうすればよいだろう、と考えた私は、一つの解決策を編み出した。それは「他人スイッチ」だ。「他人スイッチ」は、自分の頭の中で「よし、今から彼とは他人になる」と切り替えるものである。そして、どんなに理不尽な話でも、否定せずに聞くのだ。

夫「みんなに嫌われているんだ。」
私「そっか、それはきついね。」
夫「(ほっとした表情になる)うん。」
私「どうしたいと?」
夫「前みたいに仲良くなりたい。」
私「どうすれば、前みたいに仲良くなれると思う?」
夫「とりあえず連絡してみようかな。」
私「やってみてダメだったら、また一緒に考えよう。」

例えば「友達みんなに嫌われているんだ」と聞いた時、夫婦であれば自然と「友達みんな」の具体的な顔が思い浮かぶものだ。すると、つい「そんなわけないでしょう」と否定したくなってしまう。

しかし、他人スイッチを入れた今は、私は彼の妻ではない。他人から「友達みんなに嫌われているんだ」と相談されたら、真偽はさておき「それはつらいね」とか「大丈夫?」といった言葉を掛けるのが一般的ではないだろうか。

「自分を否定せずに聞いてくれている」という安心感を与えられれば、相手の本音を引き出すこともできる。また、溜め込んだ感情を吐露することは、ストレス解消にもつながるだろう。

もちろん、いつもこんなに簡単に話が進むわけはない。何度も繰り返される同じ話に辛抱強く耳を傾け、あちこち飛びまくる話題を何度も本筋へと戻し、「つまりそれって、こういうことだよね?」と確認しながら進めていくのだ。他人スイッチを入れたとはいえ、聞いている方には根気と忍耐が求められる。

うまく聞き役を務めることができ、夫のスッキリした表情を見ることができた時は、「よくできました、私!」と大いに自分を褒めてあげたい。

「傾聴」を身につけよう

傾聴とは、心と耳を傾けて相手の話を聞くコミュニケーション技法のことです。アメリカの臨床心理学者カール・ロジャーズ（Rogers,C,R）は、カウンセリングの考え方として「来談者中心療法」を提唱しました。これは非指示法とも言われており、「聞き手はアドバイスや指示を出さずに聞く」というものです。その具体的な手法の一つが、傾聴です。傾聴には次の三つの要素があります。

・うわべだけで聞かない（自己一致）
・相手の立場で考える（共感的理解）
・相手をそのまま受け入れる（無条件の肯定的配慮）

少し小難しく感じてしまうかもしれませんが、つまりは、「誠意を持って耳を傾ける」と解釈することができるでしょう。

相手を受け入れ、話を聞くのは難しいものです。家族ならば、なおさらのこと、つい口をはさみたくなってしまうでしょう。しかし、そこをぐっとこらえて、聞き役に徹してみてください。あなたのその姿勢に、相手が信頼を寄せてくれるようになる日も近いでしょう。

15 フットワークの軽さは「躁」だから

「指切断事件」からしばらく、大病院の精神科病棟に入院していた夫。症状が落ち着いたと見なされ退院した後も、被害妄想に悩まされていた。

例えば、「自分は友人たちから仲間外れにされている」という思い込み。私との会話の端々にも被害妄想の強さが顔をのぞかせていたし、昔からの友人に、根拠のない罵倒メールを送ったりもしていたようだ。何度も「誰も仲間外れにしていないよ」と伝えても、妄想に取りつかれてしまっている夫には通じない。

家族にも友達にも見放されたと思い込んだ夫は、家を離れて県外に就職することを思いついた。思い立ったらすぐ行動。翌日には県外に住み込みの就職先を探し出し、転出届と離婚届を提出して、軽自動車に荷物を積み込んで出て行った。恐るべき行動力。

夫が県外に転出した夜、「どう?」とメールを送ってみた。初日は「こんなことがあった」「こんなことをがんばった」などと浮足立った様子の返事が届いた。初めての環境に慣れようと努力している姿がうかがえる。

ところが翌日には「やっぱり、きつくなってきた」と言い出す。人から怒られることに非常に敏感になっている夫は、仕事の指導や注意に落ち込んでいるようだった。そして三日目には「もうだめだ」と、しくしく泣きながら電話をかけてきた。「早く帰っておいで」と声を掛けると、夜逃げ同然で戻ってきたのだった。

さて、これで懲りたかと思いきや、躁状態の夫は立ち直りも異様に早い。しばらくすると衝動性がむくむくと沸き起こり、再び別の県へと旅立っていくのだった。

双極性障がい

「双極性障がい」とは、わかりやすく言うと「躁うつ病」です。気分が高まったり落ち込んだり、躁状態とうつ状態を繰り返す病気です。Ⅰ型とⅡ型があり、躁状態が激しいとⅠ型、躁状態が軽いとⅡ型になります。

うつの症状には、気分が落ち込む、疲れやすい、エネルギーの枯渇といったものが挙げられます。眠れなかったり、もしくは寝すぎたり、身の回りのものに興味を失い、食欲も低下し、何をするにもおっくうで、やる気が出ないような症状です。こうした状態の患者に対して、家族は見守ることが役目となります。

一方「躁」は真逆です。自分は何でもできるという全能感とエネルギーに満ちています。気分が過剰に高揚し、誰かれかまわず話しかけたり、眠らずに動き回ったりと活動的になります。ギャンブルに全財産をつぎ込む、高額のローンを組むなどの激しい浪費や、周囲の人と大喧嘩するなど、経済的損失を被ったり社会的信用を失ったりする場合もあります。

うつ症状の時に病院を受診するとうつ病と診断されがちですが、うつ病と双極性障がいは別の病気です。飲むべき薬も異なります。双極性障がいは専門家でも判断が難しいとされる病気ですが、もし、うつ病が回復と再発を繰り返していつまで経っても治らないとか、うつから回復した時に無軌道な言動が見られるようであれば、双極性障がいの可能性も視野に入れて専門家に相談してみてください。

16 「あなたは必要とされている」が夫を変えた

我が家の大黒柱である夫が仕事を失った。子ども三人はまだ幼く、家にはローンが残っている。誰かに指摘されるまでもなく、お金が必要だった。夫には「しばらく休んで体調を整えて」と言いたいところだが、家族が生活していくためには、再就職してもらわなければならない。

ところで、あなたや、あなたの家族が転職・再就職をする時に優先する条件は何だろう。職種？　勤務地？　それとも、やりがい？　当時の私が最優先したのは「賃金」だった。長く勤めていた会社を退職した後も、メンタル疾患になる前の給与水準を夫に期待し、求職活動で無理をさせてしまったのだ。

賃金面ばかりに目が行き、仕事内容や休日数は見て見ぬふりをして選んだ再就職先。高い給与を得るには、当然、それ相応の働きが求められる。初めての職場、未経験の仕事、期待される成果。メンタル疾患を抱えながら働くのは、相当つらかったに違いない。

案の定、夫は採用されたものの、長続きすることはなかった。一年の間に何回離転職したことだろう。薬を服用しながらの業務は集中力に欠き、不規則な就業時間に疲労は重なる一方だった。

そんな状況を見かねて、次の就職先は優先事項を「賃金」から「働きやすさ」に見直して探すことにした。その結果、夫は、これまで続けてきた営業職ではなく、配達の仕事をすることを選んだ。

夫にとって相性の良い職場環境だったのだろう。求められる仕事のハードルが下がったおかげで、身体的にも精神的にも負荷が減ったようだ。この仕事は長続きし、現在でも働いている。

もちろん、以前の勤務先と比べると給料は雲泥の差だ。しかし、一緒に働くスタッフの方々は親切で理解があり、何よりも夫を必要としてくれている。たとえケガをした時も、みんなに迷惑はかけられないと出勤する夫。忙しい時期は、朝4時に起きて出かけていく。休みは少ないし、雨の日には雨漏りがするような職場だが、「自分は必要とされている」と実感できることが、彼にとっては重要なことなのだ。

居場所を見つける重要性

メンタル疾患と闘いながら仕事をするというのは、本人にも、家族にも、また共に働く人たちにも不安がつきまとうものでしょう。第一に考えるべきことは、本人が働きやすいかどうかです。

もちろん、給料は良いに越したことがありません。闘病中であっても、いや闘病中であるからこそ、お金の大切さは身に染みて感じているのではないでしょうか。しかし、多くの報酬を受け取るということは、それだけ求められることのハードルも上がると覚悟しなければなりません。長い視点で見た時に、メンタルの病気を抱えながらハードな業務に取り組むことが、本人の心身にどのような影響を与えるのかを慎重に見極める必要があります。

相性の良い職場、自分のことを必要としてくれる職場は、人によって違います。そして、そんな職場は、探せば必ず見つかります。社会から必要とされることで、あなたの大切な人は生きがいを見つけられるかもしれません。

私の夫も、かつては「自分の居場所がない」と感じていました。しかし自分を認めてくれる会社に出会い、今では元気に過ごしています。

以前は夫が仕事を離職するたびに、キリキリと胃を痛めていたものです。そして私もまた、今は、仕事に出かける夫を穏やかな気持ちで見送ることができ、彼の勤務先には感謝の気持ちでいっぱいです。

17 病気が運んできた家族団らん

メンタル疾患で休職するまで、夫は営業職として忙しく飛び回っていた。朝早くに出勤し、夜遅い時間まで接待やら付き合いやらで家を空け、日付が変わってからようやく帰宅するような日々。休日出勤もしばしばで、朝から留守にする日も多かった。たまに家で休める日には、疲れ切って、一日中寝ているような状況だった。

当然、家族団らんの時間はほとんど持てず、息子たちが幼い頃は「母子家庭」と言われるほど、夫は影の薄い存在だった。保育園の行事も舅が参加。保育園の先生方の間では、年の離れた夫婦だと思われていたようだ。

そんなところで、突然のうつ病。夫は休職し、仕事に行かずに昼間も家にいることになった。長男次男の小学校が冬休みに入ると、家族5人全員が家にいる毎日。

我が家には初めてのことだった。

家族が全員そろって家にいるのは、良いことばかりではない。些細なことでいさかいが起きたり、イライラが募ることも多々あった。しかし、そんな中でも「夫が休職して良かった」と思える大きなこと。それは、生まれたばかりの長女の成長を、夫婦で見守れたことに尽きる。

赤子の成長は著しい。ただお腹を空かせて泣くだけだった子が、あやすと笑うようになり、寝返り、お座り、ハイハイ、つかまり立ち……と、みるみるうちに成長していく。夫が病気で家にいたおかげで、その時期しか見ることができない娘の姿に、家族で喜びを分かち合うことができたのだ。

仕事は大切だ。仕事のやりがいは、人の一生を形作

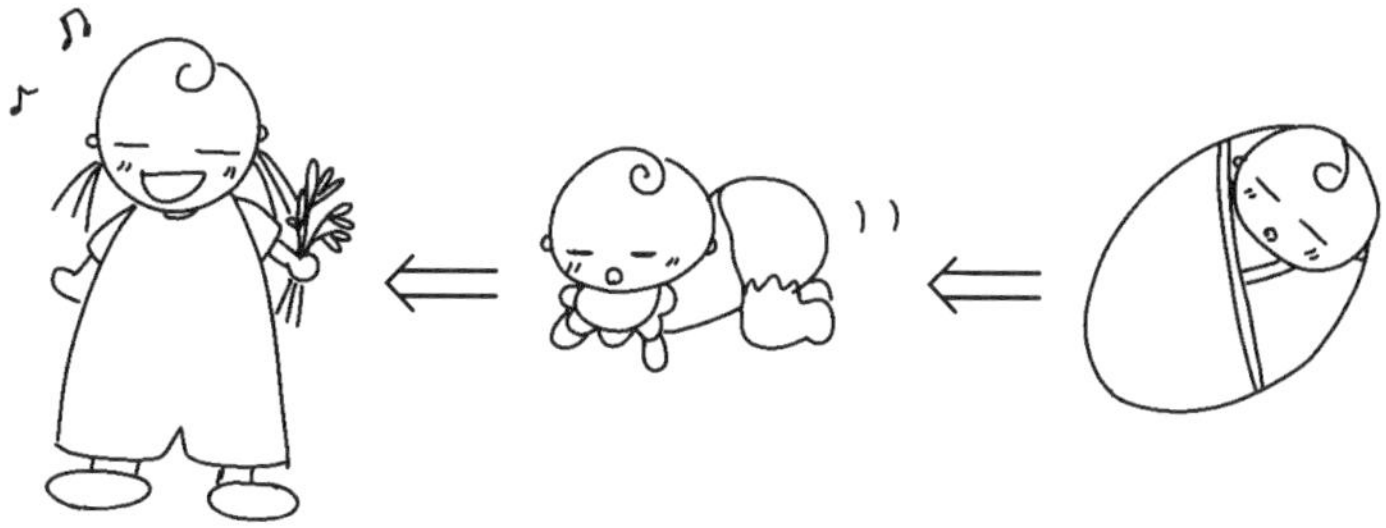

るうえで重要な要素なのかもしれない。しかし、体を壊してまでして、仕事をする必要があるのだろうか。こうした価値観に気づけたことは、私や夫、家族にとって「病気になって良かった」と言える、数少ないことの一つだ。

病気になって良かったこと

病気になって嬉しい人はいません。病気にかかって良かったことも少ないでしょう。でも、皆無ではないのです。

「病気がきっかけで、ゆっくり身体を休められた」
「親のありがたみがわかった」
「メンタル疾患を乗り越えた経験から、カウンセラーの資格を取った」

いかがでしょうか。気づかないだけで、あなたの周りにもこうした「良かったこと」があるかもしれません。

ところで、「妻が妊娠した途端、妊婦マークを付けている女性を街中でたくさん見かけるようになった」といった話を耳にしたことはありませんか？　自分の置かれた立場が変わると、目に入ってくる世界も変わるという例です。これまで通りの生活を送っていたら気づけなかったことが、自身の闘病や家族の看病を通して見えるようになった——あなたにもそんな経験があるかと思います。

病気がきっかけで見えるようになった世界を、もう一度よく観察してみてください。きっと、良いところが見つかります。メンタル疾患の渦中は、本人も家族もネガティブな思考に陥りやすいものです。そんな時、この「良いこと探し」はメンタルの回復にも大きな力を発揮します。

ちなみに、私は昔からぐうたらな性格でしたが、夫が病気になったことで、少しだけしっかり者に成長しました。これも、夫の病気が運んできた「良かったこと」のおまけですね。

第2章

身近な人がメンタル疾患になったら

ピンポーン
はーい
カラカラ
バ
ニャアー
まず
ドドドドド
ニャゴッ
ニャゴッ
ニャアー
ミー
ニャー
ニャゴッ
ニャー
ミィ
ミー
自分のことより猫が心配よォ
ミー
バッバッ
プゥン
モワーン
ブーン

私は、知的障がいやメンタル疾患をお持ちの方などに、生活や仕事に関して支援をする仕事に就いています。第2章では、私が相談業務の仕事を通じて出会った方々とのエピソードを基に、メンタル疾患への理解を深めていただきたいと思います。併せて、友人や会社の同僚などの身近な方にメンタル疾患が疑われる場合の対応をお伝えします。

私の仕事では、「おまえ、絶対ぶっ殺す」という、日常ではなかなか聞かれない罵声怒声を浴びることもあります。包丁を持ち出されたこともあります。こうしたアクシデントにも平常心を保てるのは、夫と共に過ごすうちに「非日常」への抵抗力がついたためでしょう。人生、何が役立つかわかりません。

なお、登場する方は特定の人物を想定したものではなく、具体的な状況や症状などは、プライバシー保護の観点から架空のものに改変しております。

1

春はそわそわする季節

新年度を迎えた4月。私の職場では、電話がひっきりなしに鳴り始める季節だ。まるでコールセンターのように、受話器を置くとすぐに次の着信音が鳴り響く。もちろん相談業務も多忙を極める。次から次へと訪れる相談者。スケジュール帳はすぐに真っ黒に埋まってしまう。

Aさんも、そんな4月のある日にやってきた。面談室に案内したら、着席早々に話し出す。滑らかな調子で次から次へと言葉が飛び出し、まさに「舌好調」だ。ふと診断書に目をやると、そこには「うつ病」の文字が。

ええっ!? うつ病!? そうなの？

私が知っているうつ病の症状とは毛色の異なるAさんの様子に、びっくりしてしまう。結局、一時間以上しゃべり倒して、Aさんは帰っていった。見送った後、私はエネルギーを吸い取られたかのように、なんだかぐったりしてしまったのだった。

私は医療の専門家ではなく、医師の診断をとやかく言う立場にない。相談者と面談する際は、診断名で見当を付けることはあっても、基本は、今、自分の目の前にいる本人の話や様子に全力を注ぐ。

メンタル疾患は個人差が大きく、奥が深い。病気による典型的な症状が出る方もいれば、「この症状で○○病……？」と首をかしげたくなるような方もいる。そして、症状を変化させる大きな要因の一つが、季節だ。

春、動物が目覚める季節。人もまた、動き出す。鳴り続ける電話の音に、「また過活動気味になる人が多い

季節がやってきたな」と実感するのだった。

冬から春は要注意

日本の四季はそれぞれ趣きがあり、美しいですね。特に、冬から春にかけては寒さが和らいで暖かくなり、桜が咲き、心が弾む季節です。進級・卒業・入学・入社といった、節目のイベントもあります。社会人であれば、昇進・昇格や異動もあるでしょう。気候だけでなく、環境にも変化があるのが春なのです。

そんな春は、メンタル疾患の方が周りと比較して何かとそわそわする季節でもあります。みんなが変化しているのに、自分は何もしていない、何も変わっていない。焦る気持ちが沸き起こり、心の状態に影響を与えるのです。この時期特有の気候の寒暖差も、自律神経を乱します。自律神経が乱れることで体調不良を起こしやすくなります。

さらに、厚生労働省の調査結果によると、自殺が多いのも春です。自殺は、抑うつ傾向の時よりも、回復しつつあり、動けるようになった時ほど注意が必要です。つまり、活動的になる春は危険性が高いと言えるでしょう。

なお、春だけ注意が必要かと言うとそういうわけではなく、秋から冬にかけては「冬季うつ病（SAD：季節性情動障がい）」というものもあります。秋から冬にかけては気温が下がり、陽も短くなり、動きもスローな抑うつ状態になりがちです。

冬から春へ、あなたの大切な人が動きだしたその時は、十分に注意して見守ってください。

2 病院受診を勧める前に

Bさんは、約束の時間に一人でお越しになった。そして、初対面の私と顔を合わせるなり、明るい口調でこう言ったのだ。

「AV男優になりたいです。」

私は笑顔で頷きながら、「この面談は長丁場になりそうだな……」とひそかに覚悟を決めた。

過去に友人関係でトラブルがあったこと、お金のトラブルもあったこと、今まで仕事で苦労してきたことなどを、笑顔で話すBさん。こちらに質問する隙も与えず、次から次へと、とめどなく溢れるように言葉を発している。

見た感じは元気はつらつの様子だが、マシンガンのような語り口に少し違和感を覚え、体調について確認してみることにした。

「AV男優はなかなかハードな仕事だと聞きますが、Bさんは、現在、お身体に不調はありませんか？」

「元気です」と笑顔で答えるBさんに、「以前はどうでしたか？」とさらに尋ねる。すると、「だいぶ昔に精神科を受診したことがあるけれど、一回で終わりました」と、別段隠すこともなく、素直に答えてくれた。

ただし、「どういった経緯で病院に行くことになったのか」などは的を射ず、あやふやな回答が続く。本人の記憶があいまいで要領を得なかったため、当時の病院に照会することの了承を取り付け、本日はこれで面談終了。

早速、病院のワーカー（※精神に障がいを抱える人に、さまざまな援助を行う専門家）に照会する。すると、Bさんの検査結果は「一般」と「障がい」の境界線上だったとのこと。「ぎりぎりグレー」という判断だ。

次に、Bさんのご家族と話をすることにした。就職するにあたってのご両親の意向と、また、本人の日頃の状況を確認しておきたかったためだ。

話からわかったのは、Bさんが世間で言う「普通」と違うことに、ご両親は悩んでいるということだった。ご両親は、Bさんがこれまでに引き起こした金銭トラブルの事後処理をし、また同じことが起きないように、カードや携帯電話、免許証などを取り上げたとのこと。まだ若いうちは何とかやってこれたが、ご両親も高齢になり、40歳を超えた息子のことを心配している。

もちろん外部機関に相談を試みたことはあったけれど、具体的な解決策が提示されることがなく、どうすればよいのかわからなかったようだ。こうした事情もあり、今回は、Bさんを支えるご家族との関係構築を第一に考えた。

今、最も困っていることは何なのか。今後どうなってほしいと望むのか――。ご両親の口から語られる言葉は、Bさんと共に過ごした何十年もの中で蓄積されてきた、大変重みのあるものばかりだった。面談や電話を重ね、こうした言葉に真摯に耳を傾け、少しずつ信頼を獲得していく。

そして最後に、これから先のBさんの人生を考えるうえで、改めて病院を受診することを勧めた。これまでのやり取りを踏まえて、どの検査機関に連絡を取ればよいのか、当日持参するものは何なのかなどを細かに伝え、本人と家族がスムーズに受診できる手はずを整える。

その後、Bさんは検査を受けて、障害者手帳を取得するに至った。今は制度を活用して就職し、仕事に励んでいる。もちろん、その仕事とはAV男優ではない。

受診を阻む壁

大切な友達や同僚に、メンタル疾患が疑われることもあるでしょう。本人が苦しんでいたり、社会生活が送れないほどの症状が見られる場合は、まずは、あなたがゆっくりと、時間をかけて話を聞くことから始めてください。病院受診を勧めるのは、それからです。

「家族でもないのに……」と思うかもしれませんが、家族だからこそ相談できない、話を聞けないというケースもあります。かえって他人の方が話しやすいこともあるのです。ただし、一度の話し合いで解決できると思わずに、腰を据えて取り組むように心がけてください。焦りは禁物です。

今はうつ病などのメンタル疾患も身近なものになりつつあり、町のクリニックに心療内科も増えてきました。しかし、いざメンタル不調になった時、当事者がすんなりと受診するとは限りません。ここでは、受診を阻む三つの壁をご紹介します。

①お節介な助言

あなたの周りにも「普通」と少し違うな、と思われる言動をとる人がいるかもしれません。そのような人を前に、あなたはどう対処しますか?

・ネットで調べて病名を推測する
・本人や家族に「普通じゃないよ」と指摘する
・病院に受診することを勧める

親切心からの行動かもしれませんが、これらはすべて、要らぬお世話です。自分勝手ともいえるお節介な行動は慎み、当事者や家族に寄り添った振る舞いを心掛けてください。

特に、近所の顔見知り、親戚の子ども、違う部署の同僚といった大して交流のない相手に、安易に病院受診を勧めるのはやめましょう。仮に相手のためを思って言ったことであっても、結果的に相手のためにならない可能性が高いのです。

メンタル疾患の方は、他人の言葉や態度を非常に気にする傾向があります。また、認知に癖もあります。信頼関係にない相手からの「病院に行ったら?」

は、「私の頭がおかしいから、病院に行けと言っている」などと解釈してしまうおそれもあります。そうなるとさらに関係がこじれ、症状悪化やさらなる受診拒否につながりかねません。

②本人が受診の必要性を感じていない

メンタル疾患を疑われる方については、まず「本人がどう思っているか」「社会生活に支障はないか」を確認する必要があります。受診したくない、受診の必要性を感じていないという本人の意思に反して、病院に行かせる・連れて行くというのは、本当に至難の業です。

たまに、本人を騙して、無理やり病院へ連れて行くケースも見かけますが、それは止めた方がよいでしょう。なぜなら、メンタル疾患の治療は長期に及び、一回の受診でどうにかなるものではないからです。次回以降の通院や習慣的な服薬は、本人の意思が伴わなければ継続できません。

もし、本人が受診を頑なに拒むようであれば、家族が病院や地域の保健所、精神保健センターなどに相談することも可能です。個々に応じたアドバイスを得ることができるでしょう。

③世間体が気になる

本人や家族が「通院していることを知り合いに知られたくない」という不安を持つケースもよく見られます。そうした場合は、多少不便であっても、遠方の病院を探しましょう。

また、なにも最初から精神科・心療内科に行く必要はないのです。メンタルの不調を感じる場合であっても、内科やかかりつけ医に相談してみましょう。必要ならば紹介状を書いてくれます。

メンタルの不調がすべてメンタル疾患に起因しているとは限りません。身体的な病気がメンタル不調を呼び起こしている可能性もあります。最初からメンタル疾患と断定せず、まずは医療へつなげていくことが大事です

3 彼が見ている世界は「本当の世界」

大きな身体につぶらな瞳、いつも被っているハットがトレードマークのCさん。彼はいつも、頭の中で「ストーカーさん」と話をしている。

Cさんいわく、「ストーカーさん」は一人ではなく、班を作って昼夜交代制でCさんに話しかけてくるという。Cさんの思考は「ストーカーさん」に筒抜けで、「うどんが食べたいなぁ」と考えると、「ストーカーさん」から「うどんを食べに行け」と命令されるそうだ。

「ストーカーさん」は昔からいたわけではなく、以前Cさんが寝ている間に、何者かの手によって、頭の中に装置だかチップだかを埋め込まれて以来のことだという。

「たまに自宅近辺に姿を現し、自分の方をじっと見ている」とCさんは訴える。

おわかりいただけると思うが、これはいわゆる「幻聴幻覚」だ。幻聴幻覚を経験したことのない多くの方は「でも、それって現実にはいないものでしょう?」と思うに違いない。しかし、当事者の立場で想像してみてほしい。「見知らぬ人物が、自宅の前で見張っている」「自分の頭の中が、他人に読まれてしまう」なんて、恐怖でしかない。たとえ病気が作り出した架空の存在であっても、本人にとっては目に映る世界が現実の世界。苦しい世界を生きているのだ。

ところで、Cさんの「ストーカーさん」は、寝ても覚めてもずっと話し掛けてくるわけではなく、時には静かにしていることもあるという。それは、Cさんが恋人と一緒に食事をしたり、手をつないで歩いていたりする時とのこと。しかし、恋人とケンカして険悪なムードになると、「ストーカーさん」はひっきりなしに話し掛けてくるようになるという。

嬉しい時や楽しい時、幸せな時というのは、心が安定しているのだろう。そんな時は「ストーカーさん」といえども、入り込む余地はないのだ。

統合失調症

「統合失調症」は、感情や思考がまとまらない状態が続く精神疾患です。約100人に1人の割合でかかるとされ、思春期の10代後半から30代くらいまでの比較的若い世代に発病しやすい病気です。原因は解明されていませんが、脳の機能や遺伝、環境、ストレスなど、いくつも要因が考えられています。

昔は「精神分裂病」という名で呼ばれていましたが、「分裂」の文字が怖いイメージを与えるとされ、現在の病名に変わりました。厚生労働省が実施する2014年度患者調査によると、精神科入院患者31万3000人のうち、統合失調症は53%を占めています。

統合失調症の症状は大きく「陽性症状」「陰性症状」「認知機能障がい」に分けられます。陽性症状の代表的なものが幻聴や妄想で、「あるはずのないものが現れる」状態です。陰性症状には、やる気や喜怒哀楽の低下など、感情の鈍麻や意欲の減退が見られます。認知機能障がいとは、記憶、思考、計算、学習、判断などの知的な能力が低下し、生活全般に支障をきたした状態です。

幻聴や妄想では、「自分の悪口などのネガティブな声が聞こえる」「誰かに見張られている」「自分は有名スターの子だと思い込む」といった、非現実的なことを信じ込む症状が見られます。本人がそれを現実として認識するため、他人が「そんなことはないよ」などと訂正するのは困難です。

薬を服用していれば症状は安定し、通常の日常生活を送ることが可能です。以前は「宇宙人に命を狙われている」と訴えていた方も、服薬や精神科リハビリテーションなどの治療によって、今では家族で仲良く暮らしながら、フルタイムの正社員として働いているようなケースもあります。

メンタル疾患は恐ろしいイメージを持たれがちですが、病気も含めて個性として捉え、幸せな生活を送ることもできます。家族をはじめとする周りの人たちが病気を受け入れることから始めてみてはいかがでしょうか。

4 「あうんの呼吸」は求めない

発達障がいの一つである自閉スペクトラム症のDさんは、相手の立場に立って考えるのが苦手だ。冗談が通じず、額面通りに言葉を受け取ってしまうため、周りから誤解を受けやすい。

例えば、美容院で髪を切ってきた同僚に対して、みんなが「よく似合いますよ」と褒める中、Dさんは「前の方がよかった」と正直に伝えてしまう。

また、取引先から社交辞令で「今度、御社の商品を買ってみます」と言われると、「もう買いましたか？　まだ買っていないんですか？」と畳みかける。さらには、上司に「遅れて出社するなんて、大物になるな」と嫌味を言われても、そのまま受け取り「ありがとうございます」と返して、怒りに油を注いでしまう。

職場で指導係を任された方は、Dさんとのコミュニケーションに悩んでいた。また、人との距離感をつかむのが苦手なDさんから頼られすぎて、依存されているようにも感じていた。そこで、Dさんに仕事を依頼する際はどのように伝えればよいかを一緒に考えた。

・事前に予定を伝える

自閉スペクトラム症は「臨機応変」が苦手で、突然の変更はパニックに陥りやすい。あらかじめ納期やスケジュールなどを伝えておくと、安心して取り組める。

・見本を見せる

口頭の説明だけでは理解しにくい。「こうやってやるんだよ」と見本を見せると理解しやすく、ミスも起きにくい。

・あいまい言葉は使わない

「できるだけ早く」「妥当な金額で」「いつもより多めに」など、あいまいな言葉は理解しにくい。「何日何時までに○個」などと具体的な数字を示す。

・確認する

相手の話が理解しづらかった場合は、要点をまとめて確認する。同時に、自分の話が相手に正確に伝わったかどうかも確認する。

「あうんの呼吸」が求められがちな日本の職場では、Dさんのように場の空気を読めない人は孤立してしまうこともあるかもしれない。しかし、こうした「長いものに巻かれない」とも言える一本筋の通った姿勢は、業務の遂行上、不都合ばかりではない。症状の特徴である「こだわり」は、細かい仕事を任された時に能力を発揮するし、裏表のない態度や、ルールを守る真面目な性格は信頼の獲得につながることもあるだろう。

長所もあれば、短所もある。これは病気や障がいのあるなしにかかわらず、誰もが同じことなのだ。

発達障がい（自閉スペクトラム症）

発達障がいの一つである自閉スペクトラム症（ＡＳＤ）には、コミュニケーションや対人関係の困難とともに、強いこだわり・限られた興味を持つという特徴が見られます。いわゆる「自閉症」や「アスペルガー症候群」もこの仲間に含まれます。

発達障がいは先天的な脳の特性であり、治療すれば治るというものではありません。自閉スペクトラム症の方が置かれた環境に適応していくのは困難であるため、周りが、彼らが生活しやすいように環境を整えることが大切です。

相手に行間を読むことを求めず、ルールを明確にし、やるべきことは「見える化」するとよいでしょう。例えば、納期やスケジュールなどは数値化したり視覚化したりすることで、コミュニケーションのすれ違いも起きにくくなります。ただし、人それぞれ特性は異なりますので、個々に応じた環境の調整や配慮が必要です。

ある企業では、症状に合わせた対応策として「虎の巻（特性シート）」を作成しています。また、障がい者職業センターのナビゲーションブックや、厚生労働省が作成した就労パスポートの活用も広がってきました。こうした施策の導入は強制できるものではありませんが、存在を知っておくことで、企業も社員も安心材料の一つになるかもしれませんね。

5 たくさん飼うのは寂しさを紛らわすため？

Eさんは、街の中心部から離れた、緑広がる一軒家に一人で暮らしている。

ある日、「こんにちは」とEさん宅を訪ねたところ、家の中からは一匹、二匹……と猫たちがぞろぞろと出迎えてくれた。その数、なんと十数匹。大きな猫から子猫と思われる小さなものまで、三毛、トラ、ブチ、と柄もさまざまだ。

しかし、十数匹いる猫たちの毛並みは悪く、手入れが行き届いているかというと、そうは見えない。また、家中いたるところを猫が動き回り、糞尿の臭いで息苦しい。衛生的な住環境とは言えないだろう。私も猫は大好きだが、ここまで数が多いと手に負えない。

奥から姿を現したEさんに「体調はいかがですか。お変わりありませんか」と尋ねたところ、「足腰が痛んで、動くのがつらいです。でも私が世話してあげないと、猫たちが心配でね」と、自分のこと以上に猫の今後を気にかけている。

心の隙間を埋めるために必要なのだろうか。一人で暮らす寂しさから動物を飼うケースも多いが、避妊手術をせず、どんどん増えていく猫たち。やがて猫の無法地帯と化す。多頭飼育崩壊に陥った場合、飼い主も、飼われているペットも不幸でしかない。

Eさんは、近く入院する予定だ。しかし、取り残される猫たちはどうなるのだろう。Eさんの不在に備えて、近所に住む親せきと話をする必要がありそうだ。

ホーディング障がい

居住空間に、度を越して大量の物品を収集することを止められず、それにより著しい苦痛や不全を起こしている行動パターンを「ホーディング」といいます。健康問題、経済的問題、交友関係や家族とのトラブルなど、さまざまな要因がきっかけとなるようです。

収集するものはペットだったり日用品だったりさまざまですが、それによって食事や掃除、室内の移動、睡眠などが妨げられ、自分だけでなく近隣の人たちにも、火事や家屋崩壊、不衛生などの問題を引き起こすリスクになりえます。本人も自分の理不尽な行動を認識しているものの、収集物への感情移入により、捨てることができない状態です。

周囲が手を差し伸べるタイミングを見失い、どうしようもない状態まで行き着いてしまった状態が「ごみ屋敷」や動物の多頭飼育崩壊です。近隣の家は迷惑心から村八分にするのではなく、地域や行政と関わりながら、住人と話していくことが必要になってきます。

6 「見えない障がい」があることも知って

高次脳機能障がいのFさんには何度か面談でお会いしているが、会うたびにいつも笑顔で私の名前を尋ねる。まったく違う名前で呼ばれる日もある。だから、こちらも伺った時には、最初に「こんにちは、橋です」と名乗るようになった。

Fさんはいつもメモを三つほど持ち歩いている。スマホと、ポケットにメモ帳を一つ、そして車にもメモ帳をもう一つ。なぜならば、よく通る道を間違えて迷ってしまったり、人との約束を忘れてしまったりするので、メモに書き留めておく必要があるからだ。

Fさんの外見は、至って「普通」だ。パッと見た限りでは障がいがあるようには見えないし、また短時間お話する限りでは不都合があるわけではない。そのため、当事者が困っていても周りに気づかれないことがあるのが、この病気の症状でもある。つまり「見えない障がい」とも言えるのだ。

Ｆさんの生活には、もちろん周りからのお手伝いが必要だ。サポートするということは、時として疲れるものだ。しかし、Ｆさんはいつも笑顔で周りに感謝の気持ちを忘れない。そんなＦさんだから、周りも自然と気持ちよくお手伝いしたくなるのだ。

高次脳機能障がい

高次脳機能障がいは脳の損傷が原因となり、脳の機能のうち言語や記憶、注意、情緒といった認知機能に起こる障がいです。全国に50万人程度いると推定されており、その8割は脳卒中（脳梗塞、脳出血、くも膜下出血などの脳血管障がい）に起因し、残りが交通事故などの脳外傷によるものとされています。

具体的な症状には、次のようなものが挙げられます。

・記憶障がい：物忘れ、繰り返しの質問など
・注意障がい：同時に二つのことをすると混乱する、集中力がないなど
・遂行機能障がい：計画ができないなど
・社会的行動障がい：自己中心的、暴力など

高次脳機能障がいは外見からは察しにくく「見えない障がい」「隠れた障がい」などとも言われます。日常や社会生活に支障をきたすため、周りの人による症状への理解が必要です。

7 その「怒り」は病気のせい

「コラァァァー！　橋、出てこい！」

入口から大声で叫ぶGさん。屋内によく響き渡る声で、私の名前を呼んでいる。何か気に障ることでもあったのだろうか。こんな時こそ冷静に。深呼吸して、慌てるでもなく、ゆっくりでもなく、いつも通りの歩調で淡々と向かう。

話を聞くために個室へと案内するが、扉は開けたまま。Gさんを奥に座らせて、自分は扉近くの席に腰掛ける。何かあった時には、すぐ逃げ出せるように。そして、鎧で武装した心の中で呟く。

「一時間だけ死のう」

着席して最初に伝えるのは、終了時刻だ。「話を聞けるのは何時までです」と事前に伝えておかないと、ずるずると長引き、いつまでたっても終わらない。面談が始まったら、あとは傾聴あるのみ。相手を否定せず、誠意をもって聞く。しかし、相手の要望をすべて受け入れるわけではない。「できないこと」にはキッパリと断るのが大切だ。曖昧に返事をしてしまうと、「もっと押せば応えてくれるかも」と期待させてしまうからだ。

「怒り」は大きなエネルギーを伴うものだ。そしてその大きなエネルギーは、いつまでも勢いを保ってはいられない。一通り話を聞いた頃には、相手は多少なりとも落ち着いてくる。

今回Gさんがお怒りだったのは、私がGさんのご家族へ話したことについての、意見の取り違えだった。真摯に耳を傾け、時間をかけて「私はGさんの味方です」と説明したところ、理解を得ることができたようだ。いつもの穏やかな表情で帰っていかれた。

易怒性の高まり

メンタル疾患になると、易怒性（不満や怒りの感情）が高まる場合があります。日常の不満や不安から苛立ちを感じて、叫んだり攻撃的になってしまうのです。攻撃は、自分を守るための自衛行動かもしれません。

興奮し、怒りを爆発させている状態では、家族などの身近な方でも、真意をくみ取ることが難しいものです。会話ができる状態にあるならば、こちらは傾聴に徹しましょう。話をしているうちに、相手も落ち着いてくるものです。

しかし、話ができるような状態になく、身の危険が感じられるようであれば、一旦その場を離れます。相手が怒鳴るからといって、こちらも負けじと反撃の言葉を重ねると、ドーパミンが出て余計に興奮してしまうので、注意してください。過剰な怒りの言動は、病気が引き起こしているものです。相手と同じ土俵に上がるのではなく、冷静さを忘れずに対処することを心掛けましょう。

8

「世間知らず」を克服する

Hさんは、ぼた餅を連想させる癒し系の佇まいからは想像しにくいが、ヨーロッパの貴族に許嫁がおり、15人もの子どももいるそうだ。

この話が始まると、私には「そうなのですね」と相槌を打つしかない。ヨーロッパ貴族の婚約者も、15人の子どもも架空の人物であることは明らかだが、「いるわけないじゃん」と否定することはできない。笑顔でニコニコと話すHさんを軽く受け流しながら、ほかの話題へとすり替えていくのが定番だ。

ある日のこと、いつも穏やかなHさんにしては珍しく、切羽詰まった様子で電話があった。

「橋さん、お金がいります！」

事の顛末は、こういうことらしい。スマホゲームが大好きなＨさん。その日もゲームをしている最中に、画面に現れた広告をクリックし、怪しいサイトに誘導されてしまった。

訪れたサイト上には美しい女性の写真が並び、その中の一人とメッセージを送り合うようになった。何度かやり取りを重ねたところで、相手の女性から、ある要求が届く。

「あなたのち○こが見たいな。画像を送ってもらえない？」

綺麗な女性にそう言われたと信じ、請われるがままに写真を送ってしまった。それからしばらくすると、Ｈさんのスマホが鳴った。電話に出ると、男性の声で「画像の件で警察に捕まる恐れがある。削除した方がいい。削除するにはお金が必要だ」

と言われたという。

とほほ……と、思わずため息が出そうな事件だが、まずは消費者センターに相談。そこで電話番号を変更するようにと助言をもらい、その足で携帯ショップへ。Hさんから早めに相談を受けたおかげで、事なきを得た。

Hさんには、メッセージのやり取りをしていたのは写真の綺麗な女性ではなく、怖いおじさんだと伝え、今後は変なサイトに登録しないように念を押した。テヘッとかわいく笑うHさんに、また登録しそうな予感を抱えつつ、帰宅したのだった。

SST（ソーシャルスキルトレーニング）

SSTとは、メンタル疾患や発達障がいなどを抱える人が、社会で生活していくためのリハビリテーション技法です。疾患によって長期間にわたり社会との繋がりが断たれていると、自信を喪失していたり、社会に適応する力が阻害されていたりするという考えからくるアプローチです。

認知行動療法に基づいて、対人関係スキルや問題解決スキルを習得したり、ストレス対処法を学んだりします。多くは病院などの医療機関で行われますが、ほかにも、支援機関などさまざまな施設や場面で取り入れられています。

すべての人が一律に同じトレーニングを受けるわけではなく、個々人の症状や特性に応じて、苦手とすることを補完していくことを目指します。対人コミュニケーションが苦手だったり、危険を察知する力が弱い場合は、今回のケースのような詐欺被害に遭ったり、犯罪に巻き込まれたりすることがないように、SSTで対策しておくとよいでしょう。

9「笑顔」はコミュニケーションの潤滑油

20代前半のIさんとJさん。二人とも、発達障がいがある。診断名が同じ彼らは、共に、学生時代にいじめられていた経験を持つ。「なんで、あんたみたいな子が生まれてきたのよ」と母親に言われたIさんと、「障がいなんて〝甘え〟だ」と父親に暴力を振るわれてきたJさん。どちらの家庭にも、障がいへの理解はなかった。

共通点の多い二人だが、一つ、大きな違いがあった。それは「笑顔」だ。

Iさんは、ひまわりのようにニコッと笑う人だ。口数は少なく、会話をする時は、私からの質問にうなずいたり首を振ったり、もしくは首を傾げたりしながら意思を伝えてくれる。一方のJさんは、多弁で話がうまい。自分の思いや意見も、きちんと伝えることができる。ただし、笑わない。微笑むこともない。なんならずっと眉間に皺が寄っている。

二人は今、求職活動中だ。希望職種の経験があり、資格も持っている。先に採用が決まったのは、どちらかわかるだろうか。そう、笑顔のIさんだ。

採用面接官は、能力やスキルだけを見ているわけではない。一緒に働く仲間として、気持ちよくやっていけるかも重要なポイントだ。どんなに素晴らしい志望動機でも、険しい表情で発せられた言葉は、素直に胸に響かないものだ。にこりと笑いながら「御社の製品が好きです」と述べた方が伝わることもあるだろう。

その後Jさんは笑顔の練習を積み、見事、採用を勝ち取った。

メラビアンの法則

コミュニケーションは「言語」と「非言語」に分けることができます。言語コミュニケーションとは、言葉を使ったコミュニケーションで、手紙やメールの文面、会話の内容が相当します。一方、非言語コミュニケーションは言葉によらないコミュニケーション、すなわち話し手の表情や仕草、身だしなみ、声の大きさやトーン、速度などが相当します。

話し手が聞き手に与える影響を数値化した「メラビアンの法則」をご存じでしょうか。メラビアンの法則によると、話し手が聞き手に与える影響は「言語情報」「聴覚情報」「視覚情報」の三つから構成され、それぞれの影響力は次の割合であるとされています。

視覚情報（仕草、表情など）　55％
聴覚情報（声の大きさ、速度など）　38％
言語情報（話の内容）　7％

つまり、対人コミュニケーションでは「何を話すか」という言語情報より、

「どのように話すか」という非言語情報の方が重要視されるということです。先にご紹介したIさんとJさんの事例では、Iさんの笑顔が相手に与えた影響の大きさを理解いただけるかと思います。

なお、非言語コミュニケーションに失敗し、相手に悪い印象を与えてしまった場合でも、挽回は可能です。最初の印象は悪かったけれど、何かのきっかけで評価が上がる心理現象を、「ゲイン・ロス効果」と言います。

例えば「強面の怖そうな見た目とは裏腹に、笑顔がとてもチャーミング」といった驚きは、最初のマイナス評価から一転、高評価に変えるものです。いわゆる「ギャップ萌え」ですね。

とはいえ、笑顔は世界中、老若男女問わず通用する非言語コミュニケーションです。人間関係における大きな潤滑油となりますので、身につけておいて損はありません。

10 一人で背負っていませんか？

ある会社で、障がいをお持ちのKさんを雇用することになった。Kさんには、業務を教えたり、周りとのコミュニケーションの調整をしたりする指導係をつけることにした。厳しく指導するよりも、優しくサポートできる人がよいだろうと考え、会社はLさんに指導係を任せることにした。

指導係になってから数カ月経った頃、Lさんが不調を訴えるようになった。話を聞いたところ、Kさんのサポートに時間を取られ、自分の業務が思うように進まないことが苦しいという。まじめなLさんは、自分の仕事に加えてKさんへの指導、周りへの配慮などに尽くした結果、心労が積み重なってしまったのだろう。

結局、管理職の方と話し合い、指導係を二人に増やすことで解決に至った。一対一の関係性は、時に距離が近すぎて、共倒れになる危険もある。しかし誰かと共有することで、一人で背負ってきた負担はぐっと減るものだ。

適度な距離感を保てるように

障がいのある方を雇用する場合は、指導係やお世話係をつけることがあります。まず気をつけるべき点は、指導係一人に任せっぱなしにならないよう、管理監督者の方がよく気を配ることです。

可能であれば、複数体制で指導係を担うとよいでしょう。そうすることで、たとえ一人の指導係が休んだ時にも、別の指導係が対応することができ、障がい者の社員がパニックに陥ることも避けられます。また、トラブルが発生した時には指導係同士で相談して乗り越えることもできるでしょう。

ただし、指導係の指導方法がそれぞれ異なると、トラブルの元になります。

マニュアルを作成するなどして、事前に統一しておきましょう。

メンタル疾患に限った話ではありませんが、季節や天候、環境などの変化は心身の不安定につながります。そして、感情や体調に波がある人の近くにいるのは疲れるものです。関係が近ければ近いほど、その不安定さに巻き込まれていくでしょう。

指導係といえども適度な距離を保ち、できること・できないことの線引きを明確にしておくことが、お互いのメンタルヘルスのためです。管理監督者の方は、こまめに声を掛け、目を配り、指導係のケアも怠りなく行ってください。

11 怒った時のその顔怖い

Mさんは大学を卒業し、研究職として就職した。学生時代とは違い、初めて給料を受け取りながら、責任を持って仕事をする立場になる。初めて出会う上司や先輩との人間関係、初めての業務内容、初めての土地での一人暮らし。多くの新入社員がそうであるように、「初めて」ばかりの慣れない環境に、ストレスを感じつつあったようだ。

ある日のこと、Mさんはうっかりミスをしてしまった。上司は、そんなMさんを「最初が肝心」とばかり

に厳しく注意した。それも、みんなが見ている前で、大声で怒鳴ったのだ。

それからというもの、Mさんは仕事をしようとすると委縮してしまい、集中できなくなってしまった。そしてそれがトリガーになったのか、うつ病を発症し退職することになったのだ。

退職してからも、しばらくの間は家から出ることすらできなかったMさん。今は少しずつ元気を取り戻しつつあるが、まだ再就職までの道のりは長そうだ。

「怒る」ではなく「叱る」

「怒る」と「叱る」の違いはわかりますか？「怒る」は、怒りの感情をぶつけること。怒ることそれ自体が目的化してしまうため、「だからおまえはダメなんだ」といった人格否定につながることもあります。一方の「叱る」は相手の改善点を指摘し、成長を促すという目的があります。

メンタル疾患の有無にかかわらず、人間関係が原因で仕事を辞める方に話を伺うと、上司の対応に不満を持たれたケースが多いと感じます。共に仕事を進めるうえで、間違いを指摘しなければならないこともあるでしょう。しかし、良いことや正しいことを言えば、相手に伝わるというわけではありません。

怒りに満ちた表情で怒鳴り散らされたら、どうですか？　話されている内容よりも、相手の大きな声や怖い顔ばかりが飛び込んできて、言葉は頭に入ってこないかもしれません。「怒り」という感情が間に挟まることにより、伝える側と受け取る側で理解に相違が生まれてしまうのです。

昭和のドラマでよく見られた「バカヤロー！」と怒鳴る叱責は、令和の時代には通用しません。相手を叱る時は、どこを直すべきなのか、今後どうなることを期待するのかを、努めて冷静に伝えましょう。もし、感情的に怒ってしまいそうな時は、少し時間をおいて、頭を冷やしてから話すとよいでしょう。また、次の三点を心掛けてください。

・人前で叱らない
・短時間で済ませる
・ポイントを絞って伝える

逆に言うと、この三点を踏まえずに感情的に怒りをぶつけるのは、パワハラになりかねません。叱る時は「相手を育てる」という視点で、愛情を込めて成長を促す方法を心掛けてください。

12 褒めて伸ばして

発達障がいのNさんは、仕事を始めて三カ月が経った。面談に訪れたNさんに「仕事はどうですか?」と尋ねると、ぽろぽろと涙を流しながら、こう答える。

「私、仕事をがんばっています。でも、がんばってもがんばっても、注意ばかり受けて、褒められることはないのです。」

真剣に仕事に取り組んでいるのに、なかなか認められず、やりがいが感じられないNさん。このままでは心が折れてしまうと判断し、職場に面談を申し入れることにした。

担当者の方の話によると、Nさんが抱える課題は盛りだくさんで、まだまだ改善すべき点が多いようだ。指摘された点はメモを取り、話の最後に、私は担当者の方に「Nさんを褒めてください」と、お願いをした。

まだ仕事を始めて三カ月。本人なりに努力はしているが、慣れないこと、至らない部分もあるだろう。そうした点は本人にフィードバックし、一つずつ克服していけばよい。しかし、自分の悪い点や直すべき点ばかりを指摘されると、心は不安定になりがちだ。改善すべき点はそれとして、良いところはきちんと評価してほしい。そうすればきっと、モチベーションが持続できる。

それを聞いた担当者の方は、納得したように大きく頷きながら、こう言ってくださった。

「わかりました。自分も、褒められたら『がんばろう』と思いますものね。確かにNさんはまじめで、仕事で手を抜くことはありません。一生懸命さが伝わる働きぶりです。こうした良い点は、都度フィードバックしていきますね。」

褒められてモチベーションが上がるのは、健常者であろうと障がい者であろうと関係ない。「『○○さんはよくがんばっている』と部長が言ってたよ」「いつもありがとう。助かるよ」といった声掛けは、「見てもらえている」という安心感を与えるとともに、今後の原動力にもなるのだ。

ピグマリオン効果

他者から期待をかけられる（褒められる）ことによって、作業や学習の成果が上がり、本人が成長することを「ピグマリオン効果」と言います。アメリカの心理学者ローゼンタールが発表した心理行動の一つです。逆に「ゴーレム効果」というものもあり、期待をかけられず「だめなやつ」として接されると、モチベーションが下がり、本来の能力すら出せなくなるというものです。

あなたが最後に褒められたのはいつでしょうか? 誰しも子どもの頃は「嫌いなニンジンを食べた」「近所の人にあいさつをした」「テストで100点を取った」など、些細なことでもよく褒められたものです。しかし、大人になってからはそんなに頻繁に褒められることもなくなり、それどころか「上司に注意された」とか「妻に嫌味を言われた」など、叱責されたことの方が思い出されてしまうかもしれません。

確かに、仕事は「できて当たり前」「ミスがなくて当たり前」の世界です。言われたとおりに資料を作成したからといって「ミスがなくて素晴らしい!」などと褒められることはないかもしれません。しかし、営業職が好業績で表彰されることがあるように、事務職や製造ラインの方なども、優れた点はどんどん褒めてみませんか? 「丁寧で見やすい資料だと、お客さまも喜んでいたよ」「無理な注文にも応えてくれて、ありがとう」などとフィードバックしてみましょう。褒められると承認欲求が満たされ、次の仕事へ向けてのモチベーションにもつながります。

13 夢は必要？

不安症のOさん。最初にお会いしたのは、まだ学生の頃だった。初めて会った日は目を合わせてくれることはなかったが、少しずつ関係を構築し、今では将来の夢について話してくれるまでになった。

Oさんは人に対する恐怖から学校へ行くことが難しく、通信制の高校を選択し、卒業した。今は倉庫のアルバイトをしながらお金を貯めて、経済学系の大学に進学したいと話す。読書が好きで、図書館にも足しげく通い、知識を積み重ねている。

一方、自閉症のPさんは大学を中退したところだ。やりたいことが見つからず、将来の夢も描けない。面談でも口数はなく、表情も乏しい。ふと、Pさんの持ち物の中に、可愛いキャラクターの描かれたクリアファイルが目に留まった。今ハマっているアニメだという。先ほどまでの無表情から一転、大好きなアニメの話には笑顔を見せる。都市部で開催される催し物について「楽しみです」と顔をほころばせながら語っていた。

Pさんのような若者が「やりたいことがない」と言うと、「夢を持った方がいいよ」とアドバイスしたくなる大人も多いだろう。しかし、今夢中になれるものがあるならば、それで十分ではないだろうか。目標に向かって努力するのもよし、今を楽しく生きるのもよし。OさんもPさんも、二人ともまだまだ若く、無限の可能性を秘めているのだ。

どんな生き方も否定しない

私たちは幼いころから、親や教師などから「夢を持て」「目標を立てろ」と言われてきたものです。お正月には新年の目標を書き初めにしたため、卒業文集には将来の夢を書き、一定の年齢に達したら「やりたい仕事に就く」ことを求められます。

では、夢や目標は生きるうえで必須なのでしょうか。もちろん、持っているに越したことはありません。しかし、他人から強制されるものでもないでしょう。こうした同調圧力とも言えるものが「夢も目標もないなんて……」という不安を呼び、人を追い詰める気もします。

多くの方と話してきた経験からすると「夢も目標もない」という方は、結構多いように感じます。でも、それはそれで構わないと思いませんか？　無理して作るものではありません。他人と比べて気後れする必要もありません。そして私たちもまた、「夢も目標もない人生」を生きる人を否定してはならないのです。

14

柳のようにしなやかに

この仕事をしていると、時として、いろいろなスケベに出会ってしまう。

例えば、とある施設に行った時のこと。立ち話をしながら、椅子の上に置いたバッグからメモ帳を取り出そうと中腰でガサゴソしていると、どこからか乾いた手が登場し、私のお尻をさわさわと撫でる。

バッと後ろを振り向くと、にこにこと笑顔を浮かべるおじいさんの姿が。「オイオイ」と内心あきれつつ、「次に触ったら3000円もらいますからね」と釘を刺す。

また、Qさんの自宅へ訪問した時には、ピンポン、ピンポンと何度もインターホンを鳴らしても出てこない。「約束の時間はもう過ぎているのに……」と玄関前で待っていたら、「ごめん、ごめん」と言いながらドアが開いた。

部屋に上がると、リビングのテレビには画面いっぱいに映る裸の女性。おっぱい祭りだ。動揺したり恥ずかしがったりする姿を見せたら、相手の思うつぼ。ニヤニヤとこちらを見つめる目を無視して、「わざとでしょ」と冷静に一言伝えたら、あとはスルーするに限る。

あるいは、巨体のRさん。大きな身体のせいで暑がりな彼は、自宅を訪問すると、常にパンツ一丁で出迎えてくれる。「ズボンを履いておくように」と事前に念を押すものの、履くのに手間取るらしく、なんだかんだで今日もパンツ一丁。パンツの片側の裾からはみ出ているものを視界に入れないように、私も細心の注意が必要だ。

一般企業にこんな同僚やお客様がいたら、セクハラ認定間違いなし、一発でアウトだ。しかし支援の仕事では、相手の病気がこうした行動をとらせている可能性もある。事実、かなりの確率で、こうした「問題」に出くわしてしまうものなのだ。性差を考えさせられる支援の仕事だが、いちいち本気で怒ったりはしていられない。柳のようにしなやかに、さらりと受け流す対応力が求められている。

レジリエンス

メンタル疾患の方と接する時には、マニュアルのように定められた対応、画一的な対応には収まりません。もちろん、対応する側にブレがなく、芯が通っていることは必要です。しかし大事なのは状況に応じた柔軟性、相手に合わせた適応力だと思います。

また、相手の特性や、対応する側との相性もあります。自分には予想もつかない、突拍子もない行動や言動が飛び出してくるケースもあります。受け止めきれない行動や言動は、ひらりと軽やかにかわしてしまうことも必要です。

「レジリエンス（Resilience）」とは、回復力、復元力などと訳される言葉で、「困難な状況でも、しなやかに適応する強さ」という意味です。メンタル疾患の方への対応には、まさにこのレジリエンスが求められると言えるでしょう。

第3章

自分の心と身体を整えるセルフケア

アラ
旦那さんウツなんですって
ママ
あらっ橋さん
ピーチクパーチク
ご主人お元気？
ジ…
タイヘンネ
近い……
元気でーす
チェー
カァァ
放っといて!!

家族や身近な人がメンタル疾患になると、支える人たちも心身の不調を起こしがちです。気分の波が激しい人の近くにいると、一緒にいる人まで不安や不眠などの症状をもらってしまうこともあるでしょう。

第3章では、メンタル疾患を支える人たちのセルフケアについて考えていきます。メンタル疾患は長期に及ぶことが多く、看護する方も「長距離走の伴走者」になることを覚悟しなければなりません。大事なのは、自分の心と身体を大切にすることです。

ここでは「身体」「心」「思考」の三つの整え方をご紹介します。これらは、私が夫と暮らす中で行っていたセルフケア術です。ライフスタイルや個性によって、合う・合わないがあるかもしれません。ぜひ、自分なりの息抜き法、ストレス解消法などを見つけて生活に取り入れ、あなたのメンタルヘルスを健全に保ってください。

1

【身体を整える】まず何よりも睡眠確保

振り返ってみても、夫がうつ病を発症した時、私が産後二カ月だったというのは、最高にツイてなかったと言えるだろう。

今思うと、私が第二子を妊娠中に、夫は少しずつ体調を崩していったのだと思う。しかし、つわりやら何やらで超不安定な状況にあった私は、自分とお腹の子のことで精いっぱい。夫のそんな変化に気づけず、いや気づいたとしても夫を気に掛ける余裕がなかった。

そして出産の喜びも束の間、夫はうつ病に。私はというと、夫のことはもちろん心配だけれど、生まれたばかりの、小さく、弱々しい存在のお世話にてんてこ舞い。朝は上の二人の子たちに食事を食べさせ、学校へ送り出す。息をつく暇もなく、授乳におむつ替え。赤ちゃんがお昼寝をした隙に掃除や洗濯などの家事を済ませ、スーパーへ買い物に行って戻る頃には、上の子たちも学校から帰宅。そして、息子たちの宿題を見ながら、夕食の支度、入浴、寝かしつけ……と目が回るような忙しさだった。

そんな中で最もこたえたのが、睡眠時間が取れないことだった。上の息子たちは三時間おきの授乳で大きく成長したが、三番目に生まれたこの娘は夜中も二時間おきに目を覚まし、お腹が空いたと泣くのだ。いつも眠くて眠くてたまらなく、何度も授乳中におっぱいを出しっぱなしで爆睡してしまったものだ。

慌ただしい毎日。大黒柱が病気になり、先行きが心配な生活。それに追い打ちをかけるかのように、不安定な睡眠。日中もイライラするし泣きたくなるしで、当時の私のメンタルはボロボロだった。

あなたは毎日眠れていますか?

睡眠不足は脳の働きを低下させます。注意力散漫、情緒の不安定、さらには免疫力まで低下します。不眠とメンタル疾患は密接な関係にあり、睡眠を改善することで、うつ病患者の半数が治ったというデータもあるほどです。

布団に入っても寝付けない、寝てもすぐに目が覚めてしまうなどの症状がある時は、病院を受診して、薬を処方してもらうのも一案です。ただし、いくら服薬しようと、睡眠時間が十分に確保できない限り、症状は改善しません。

まずは、睡眠時間の確保を生活の中心に据えて、日々の生活習慣の見直しをしましょう。生活リズムを維持し、健康的な食生活と適度な運動。就寝環境を整え、リラックスした気分で目を閉じます。

とにかく眠りましょう、ゆっくりと。睡眠確保は最重要課題、睡眠不足はメンタルの敵。まず何よりも、ここから取り組んでください。

2

【身体を整える】顔を上げたら見えたもの

思い悩んでいる時期は下ばかり見て歩いていたような気がする。問題の解決が見えず、頭の中はいつもそのことばかりが占めていた。地面ばかり見ていると、今日の天気は晴れなのか曇りなのか、自分が今どこを歩いているのかといったことまで見失いそうだった。そして現実として、寝不足が続いて瞼が重く、視界は狭かった。

ある日のこと。「良い天気だな」と、ふと空を見上げると、どこまでも薄いブルーの空が広がっていた。顔を上げたのは、ずいぶん久しぶりだったような気がする。たったそれだけのことなのに、暗い気持ちが少し晴れたような気がした。

「目」を鍛えよう

病気になると視野狭窄、つまり視野が狭くなると言われています。それは、思考が狭まるだけでなく、文字通り視界に入る範囲も狭くなるのです。

病気になると、行動範囲が狭まります。布団から出なくなったり、家に引きこもったり、外出しても、いつも決められた場所との往復だけになったりします。つまり、閉じられた世界の中で生活している、もしくはその狭い範囲が世界のすべてだと認識している状態です。

さて、目は脳と常につながっています。眼球の動きと、感情コントロールを司る前頭前野は連動しています。したがって、目の働きが鈍ると脳の働きも鈍くなるのです。

限られた空間の中で、いつも同じ物ばかり見ていませんか? 買い物ついでにいつもと違う道を通ってみたり、歩きながら空や、周りの植物などにも目をやってみてください。きっと、多くの情報が飛び込んでくることでしょう。

さらに、脳のために目を鍛えてみませんか。いわば「目トレ」です。毎日5分ほど、空を見て、地面の花を見て、右隣のイケメンを見て、左隣の美女を見て……と、眼球をくるくる動かしてみましょう。

続いては、力を込めて目をカッと見開いて、力を抜いて目を閉じて。これを繰り返してみてください。これは、布団の中でもできるのです。筋トレする気力がなくても、目だけ挑戦してみませんか。脳がシャキッと目覚めます。ぜひ、試してみてください。

3

【心を整える】ただ話を聞いてほしい

精神障がいのある娘を実の父親が殺害したというニュースを耳にした時のこと。テレビに映るコメンテーターは、神妙な顔つきで「そうなる前に、専門家に相談すればよかったのに」と伝えていた。なんと安易なコメントだろう。

私は相談業務をする中で「勇気を振り絞って相談したのに、無下にされた」「ろくすっぽ話も聞かないで『その件だったら別の機関窓口に行って』と言われた」といった話をよく耳にする。相談する側は、藁にもすがる気持ちで支援機関を頼っているのだが、そもそもどこを頼ればよいのかわかりづらい上に、相談しても望む対応を得られない、状況が改善しないという現実がある。

また、メンタル疾患の患者を支える家族たちは、具体的な支援の提供はもちろんのこと、「ただ話を聞いてほしい」「状況を理解してほしい」と思っているものだ。それなのに、せっかく足を運んでも、上から目線のアドバイスをされたり、無理だ、だめだと決めつけられたりして、さらなるストレスを抱え込むケースもある。では、誰を頼ればよいのだろうか。

私の場合、それは友達だ。私が大事にしている友達は、何十年来の気心知れた仲だ。時々連絡をくれる彼女は、私の懐事情にも気遣ってくれる。

「臨時収入が入ったから、外に出ない？　おごるよ？」

夫の病状のこともちろん理解しており、会うといつも気にかけてくれる。なにせ衝動性の高い夫。話のネタには困らない。パチンコですってんてんになったこと、頭だけでなく眉毛も全て剃り落としたこと、丼に頭を突っ込んで寝ていたこと、薬を飲み過ぎて〝大きい方〟を漏らしたこと、子どもに防犯ブザーを鳴らされたこと、彼女には、どんなこともあけすけに話してしまう。

友人は「こうすればどう？」「こうした方がいいよ」などのアドバイスは一切しない。ただただ私の話を聞いて、一緒に笑ってくれるだけだ。どんなに暗い話も、彼女に話すと笑いに変わり、二人でキャッキャと大はしゃぎしてしまう。

まだ幼い子どもを預けて外出しているという罪悪感も、彼女と過ごす時間の楽しさに吹き飛ぶ。この時間があるからこそ、気持ちがリフレッシュでき、また明日からの日常を乗り切れるのだ。持つべきものは友達だ、と心の底から思う。

誰に相談するのが最善か

相談支援の仕事をしていると、支援する側にもばらつきがあると、日々感じています。親身になって相談に乗るスタッフがいる一方で、慇懃無礼だったり、理想論ばかりで現実的ではないことを述べたり、そもそも困っている現状に耳を傾けることもしなかったり。いくら専門家といえども、そうした態度をとると、伸ばしたつもりの救いの手も、相手から払いのけられてしまいます。

人は、教えることが好きな生き物です。相談を受けると、つい自分の体験に基づいて指示や助言をしたくなってしまうものです。しかし、求められていることは、指示や助言ではなく「ただ話を聞くだけ」ということもあるでしょう。

そして、ただ話を聞いてもらいたいだけであれば、専門家である必要はありません。あなたの周りの信頼できる人に吐き出してみるのもよいでしょう。無責任にアドバイスをする人よりも、じっと愚痴に耳を傾けてくれる人の方が、はるかに信頼できると思います。きっと、あなたのことをわかってくれる人がいます。勇気を出して相談してみましょう。

4 【心を整える】この状況を面白がろう

身だしなみに気を使わなくなった夫の髪は伸び放題、ひげも伸び放題。知らない人が見たら、浮浪者に間違われること確実だ。夫自身も思うところがあったのか、ある日突然、髪を切ると言い出した。もちろん、美容院には行けない。家にあるバリカンで刈るのだ。

風呂場にこもって、自分で髪を切っている夫。「ふふん、ふんふん〜、ふふん〜」と鼻歌を歌いながら、上機嫌の様子だ。

ほどなくして戻ってきた夫を見て、絶句。頭はつるつる、毛髪は一本残らず刈り取ってしまったようだ。さらに、夫の特徴でもあるたくましい剛毛の眉毛まで、きれいさっぱりなくなっている。つるりとしたその姿は、宇宙人そっくりだ。

10分前まで髪もひげもボサボサだったのに、今やひげどころか眉毛すらない。白か黒か、0か100かという極端な思考の偏りに、開いた口がふさがらなかった。

さて後日、その宇宙人姿にも見慣れてきた頃のこと。昼食に即席ラーメンを作り、夫と二人で食べていた。髪を丸刈りにするだけでなく、行動も宇宙人であるかのような突飛なできごとが続いた夫は、医師から躁状態を抑える薬を出してもらい、服用していた。薬のせいで頭がぼうっとするらしく、死んだ魚のような目をしている。

台所で洗い物をしていた私が、ふと夫の方を振り返ると、そこには、ラーメンのどんぶりに坊主頭を沈めて寝ている夫の姿があった。今であれば、シャッターチャンスとばかりに、すぐさまスマホで撮影しただろう。しかし当時は何とも不思議なその光景をまじまじと見つめ、お腹の底から沸き起こる笑いをかみ殺すことしかできなかった。

「らしさ」はいらない

メンタル疾患の方の取る行動は、時として常識を超えたものです。大切な人の言動に振り回され、唖然としたり、頭にきたりすることも多いでしょう。

理解できないと感じる理由の一つに、「らしくない」というものがあるかもしれません。私たちは「父親（母親）らしく」「男（女）らしく」など、さまざまな「らしさ」を世間から求められて生活しています。その枠からはみ出たものを目にすると、困惑してしまうのです。でも、そもそも「らしさ」って必要でしょうか？

メンタル疾患の方が時折見せる常識外れな言動は、「らしさ」を超越しています。でも、そうした言動は、ちょっと見方を変えると、面白くないですか？私は面白い人が大好きです。そこに、病気や障がいの有無は関係ありません。愛を持って一緒に笑い合えると、きっと心が楽になるでしょう。

5 【心を整える】人の話は笑顔でスルー

「橋さんちの旦那さん、うつ病らしいわよ。」

「ああ、それで昼間も家にいらっしゃるのね。」

「大変ねえ。」


夫が病気になってから苦しめられたことの一つに「噂話」がある。他人の不幸やゴシップが大好物な人間は、どこにでも生息しているものだ。まして、ここは地方の田舎町。夫は格好の餌食にされていた。狭いコミュニティの中で、そうした話は嫌でも私の耳に入ってきた。

ある時は近所の奥さんが教えてくれる。「○○さんと××さんが、ご主人のこと、噂していたわよ」と。またある時は、大して付き合いもない人に「旦那さんは元気?」と話しかけられる。みんな、心配している風を装っているけれど、目は興味津々の様子を隠せない。

心の病気も身体の病気も、とても繊細で個人的な事柄だ。心の底から心配してくれている人にすら、詳しく話すのはためらわれてしまうものだ。それなのに、顔見知り程度の付き合いしかない人が、ズケズケとプライバシーに踏み込んでくることに、私はストレスを感じていた。

真実かどうかを本人に確認されることなく、尾ひれ背びれを伴って膨らんでいくのが噂話。いちいち真に受けて悩んだり、心をすり減らしてしまうのは損だ。

私は「心配するなら放っといてくれ!」と心の中で毒づきながら、何か聞きたそうな素振りの相手を残し、笑顔で立ち去るのが常だった。

噂話に振り回されない

新型コロナウイルス感染症（COVID-19）の広まりは、身体だけではなく、心まで蝕んでいきました。検査で陽性と判定された人は、まるで罪人のような扱い。好んで感染したのではないのに、世間から白い眼を向けられています。

これは、メンタル疾患も同様です。もちろん、理解を示し、手を差し伸べてくれる方もいます。しかし、誰もが病気になる可能性があるにも関わらず、多くの人は病人を異端者のように扱うのです。

メンタル疾患の方は、投げつけられる視線や発言に、心と身体をさらに傷つけられています。身体を刺したら逮捕されるのに、心を刺してもおとがめなし。でも、身体より心の方が、受ける傷は深いこともあるものです。人にはさまざまな価値観があることも理解しますが、興味本位からくる質問や、ぶしつけな視線は、せめて自分の心の中だけで留めておけないものでしょうか。

そもそも、なぜ、ゴシップやスキャンダルなどの話題は好まれるのでしょう。それは「自己肯定感」と関係があるようです。「自己肯定感」は、端的に言うと「自分が自分であることに満足し、価値ある存在として肯定的に受け入れられること」です。元々は心理学用語でしたが、最近では教育などの場面でよく耳にするようになりました。

自己肯定感が高く、自分は大切な人間だと認め、現状に満足している人は、他人のスキャンダルに見向きもしないものです。一方、自己肯定感が低い人は、他人と比較して優位性を持つことで、自分の価値を見出そうとするのです。人の不幸でしか自分の幸せを感じられないということです。

もちろん、これが理由のすべてではありませんが、噂話を耳にしてしまった時は「この人たちは自分に満足していないんだな」と考えれば、少し気が楽になるかもしれません。噂話は百害あって一利なし。心無い話に気持ちを乱されないように、耳をふさいで通り過ぎてしまいましょう。そしてまた、あなた自身も、自覚なしに「心の殺人者」にならないように注意してください。

6

【心を整える】口癖で幸せを引き寄せる

大きな声では言えないが、夫が躁状態の時、私の口癖は「死ね」だった。例えば、夫が脱いだTシャツが、そのままほったらかしになっているのを見た時。またある時は、まるで力士のような食欲で、夫が山のように食べ散らかした物の後片付けをする時。

夫のすることが何から何まで気に食わず、家ではいつも悪態をついていた。ぶつぶつと文句を言いながらの生活は、さらに自分の機嫌を悪化させる。何も良いことはなかった。

また、普段の会話も否定語のオンパレード。二言目には「でも」が飛び出す「でもでも星人」になっていた。しかし、私は三人の子どもを育てるお母さんだ。母親のこうした態度は子どもに悪い影響を与えてしまうに違いない。そう思い立ち、金輪際、ネガティブな言葉を口にするのはやめようと決意をした。

「でも」と口にしてしまいそうになったら、まずは「そうだね」とワンクッション入れてから、「私はこう思うよ」と伝えるように心がけた。そして不満や文句などの言葉は、次項でお伝えする通り、紙に書き出すことに決めたのだ。

口癖は人間関係を変える

つい口から飛び出てしまう言葉、意図して使っているわけではない口癖。本人は気にしていなくても、聞き手は気になることってありますよね。

「でも」のような言葉は、何度も繰り返されると、相手にとっては自分自身が否定されているように感じられてきます。せっかくのコミュニケーションを台無しにしてしまう可能性がある言葉です。

また、人の悪口や悪態は、口にする当人も、耳にする周りの人にも負の感情を引き起こすものです。負の感情は、メンタル不調にダイレクトにつながります。わざわざこうした言葉を口にして、自分を傷めつけることはありません。

ネガティブな口癖は控え、意図的にポジティブな言葉を使ってみましょう。そうすることであなたの周りには「あなたといると楽しい」と思う人が集まってくるでしょう。そしてそれが、あなたの幸せを引き寄せるに違いありません。

7

【心を整える】感情は紙に吐き出して

前項の通り、悪態やネガティブワードは口に出さないと決めた私。しかし、夫に対する不平不満が消えたわけではなく、自分の感情が制御できない。どこかにこの気持ちを吐き出したい。

そこで考えた末に、夫の不満や悪態は、すべて日記として紙に書き留めることにした。「クソ」「死ね」といった言葉が並ぶその日記は、後から読み返すと恥でしかない。しかし、当時はこの日記がどす黒く心に渦巻く感情を受け止めてくれたから、子どもたちの前では笑っていられたのだ。

数年経ったある日、留学していた息子がお土産として、シンプルでナチュラルな色合いのノートをプレゼントしてくれた。そして、持ったことのないブランドもののペンも。これには、悪態など恥ずかしいことを書く気には到底なれなかった。そこで、私はそのノートを「幸せノート」と名付け、これからしたいこと、希望、感謝など、幸せなことだけを書くようになった。

「将来は4億円の別荘に住みたい」「今の自分は幸せだ」「見知らぬ若い青年にあいさつされた」といった、その時々の些細な感情を書き連ねた「幸せノート」は、今でも気持ちが塞がった時に見返すようにしている。

文字を通して自分を見つめる

嫌なことがあった時、あなたはどうしていますか。よく、嫌なことをずっと引きずっている方がいます。あの上司にこんなことを言われた、同僚に意地悪をされたなど、なかなか忘れることができないようです。

こうしたモヤモヤと残る感情は、ノートに記して爆発させましょう。「悲しかった」「こうすればよかった」と心にくすぶる感情から、「まじむかつく」「あのクソが！」など口に出すのがはばかられるような悪態まで、ノートに書き出すだけでずいぶんスッキリするものです。ノートに書くだけならば誰も傷つけず、自分の感情を押し殺すことにもなりません。

これは言ってしまえば「けじめをつけるためのノート」です。その時の感情を引きずらず、いつか振り返って読んだ時に、冷静な他者視点から「次は気を付けよう」「今後はこうしよう」など、自分の成長につなげていくものです。

さらに私がお勧めしたいのが「自分大好きノート」です。大昔に作文を褒められたことや、人から「可愛いね」と言われたこと、親友と出かけた旅行がいかに楽しかったかなど、「私、偉かった！」「私、楽しかった！」といったできごとを、恥ずかしがることなくつづるのです。もちろん、人に見せる必要はありません。

自分がどのようなことに幸せを見出し、どのような状況に喜びを覚えるのかをノートに書き留めることで、自分を見つめる力が身につきます。内省力とも言い換えられるこの力は、落ち込んだ時の対策として「自分のご機嫌取り」ができるようにもなるものです。そして何より、楽しいことを書いた文は、当時のことがそのまま思い出され、速攻で幸せな気持ちになれる点でお勧めです。ぜひ、だまされたと思ってやってみてください。

8
【心を整える】見たくないものは見なくていい

私の胃はぼろぼろになった
横になっていないとつらい
会社の対応　友達の対応　子ども0歳　学校の役員
生活は流れている
誰か助けて

（夫は）今日は母親のところに行って家にいない
ようやく眠れる

昨日はこちらがさくらんじょうたい
首をしめられる夢
子どもを殺される夢
子どもたちはうすうす気づいているだろうか
（こどもは）夜中くるくるまわっていた
みんなが小さくなるとおびえていた

しゅうとめは言った
変わらなさそうね
そりゃそうよ　入院している時は落ち着いているからね
入院中は（0歳の子どもを）抱っこして通った
電車を乗り継ぎ　電車が嫌いなのか電車に乗ると
大声で泣きわめいた
苦痛

胃がいたい……
（夫は）退院したらビデオざんまい
食っちゃ寝食っちゃ寝
ぶくぶく気持ち悪いほどに太っている

〜当時の日記より〜

距離を置く

共に暮らす家族は、お互いの距離の近さが長所であり、短所にもなります。近すぎると、見なくていいものまで見えてきます。それが自分に負の影響を与えるのであれば、物理的に距離を取りましょう。

幸いにも、私には近くに実家がありました。息抜きが必要だと感じた時は、実家に逃げて、愚痴を吐き出すことができました。また、夫の衝動性があまりに高く、リストカットやハンマーで叩くなどの自傷行為が激しい時には、夫を義実家に帰したこともあります。

病気で休職している夫に「家でゆっくり休めばいいわ」と言っていた義母。私にも、いつも「がんばってね」と励ましの言葉を掛けてくれました。でも私は、こんなにがんばっているのに、まだまだがんばらなければならないのかと悲しさを覚えたのも事実です。

メンタル疾患の患者と24時間365日一緒に暮らすということが、どれだけ大変なのか。日々、どれだけ気を張って生活しなければならないのか。そうしたことを、義母が少しでも理解してくれたらという願いを込めて、夫を送り出したものです。

現実には、そう長い期間を空けずに夫は戻ってきましたが、ほんのわずかな期間でも離れて暮らすことで、自分の心が落ち着きを取り戻すことができました。もし、家族の看病に悩む方で、近くに頼れる親せきがいない場合は、病院に入院させることも一つの方法です。無理して一緒にいるよりも、少しの間、距離を取った方がお互いのためでもあるのです。

9
【心を整える】自分を追い詰めない

夫は躁状態にある時は、数カ月に一度のペースで自傷行為に及んでいた。「自分はダメな人間だ」と考え、自分を傷めつけてしまうのだ。ある日は腕が傷だらけ、またある日は腕がパンパンに腫れていた。

そうした傷を見せられるたびに、まるで、すりがねおろしでゴリゴリと削られるかのように、私自身の心がささくれ立ち、消耗していくのを感じた。

「おまえが俺の話を聴かないからだ。」

「こんなに苦しんでいるのに何もしてくれない。」

夫の傷跡がそう責めているようで、私もじりじりと追い詰められていった。

私は毎日、歩道橋を渡って通勤していた。下を走る道路は片側4車線で交通量が多く、大きなトラックが通るたびに橋が揺れる。そして、私の心もその歩道橋を歩くたびに、ぐらぐらと揺れた。

「ここから飛び降りてしまいたい」という衝動が起きないように、私はいつも、歩道橋の真ん中を歩いた。端を歩くと、飛び降りたい衝動にかられた時、すぐに行動に移してしまいそうだから。一歩一歩踏みしめるようにして、橋の真ん中をゆっくりと進んだものだ。

家にいる時は、子どもたちの顔が浮かんで思いとどまることもできたが、外は刺激が強かった。私が先か、夫が先か。私の日常には、いつも死が近くにあった。

がんばらずに、逃げて

こうして偉そうに本を書いている私ですが、振り返ると、ずいぶんな悪妻でした。病気の夫に向かって「死ね」「うざい」など、人として口にしてはならない言葉を発してしまったことも多々あります。

また、元来そんな人間だったとは自分でも思いたくありませんが、私は幾度となく、夫が亡くなることを想像したものです。しかし夫の死を想像しても、気持ちが楽になるどころか、涙が流れるばかりでした。やはり、死んでほしくはないのです。

そして夫もまた、私が死ぬことを想像したと言います。自分が死ぬか、相手が死ぬか。今ならば、そんな二者択一の世界はおかしいと断言できます。しかし当時は頭の中が生死でいっぱいで、視界が狭くなっていたのです。

死を考えるほどに深刻な状態になりながらも、それでも私がうつにならなかったのは、「どうしようもなくなったら、がんばらずに逃げる」を選んできたからです。もちろん、大前提として、病院嫌いの私は受診したことがなく、「診断を受けていない」というのもありますが。

自分で言うのもなんですが、私はまじめな性分だと思います。なので、ぎりぎりまでは踏ん張りますが、「これは許容範囲を超えたな」と感じたら、すぐに逃げると決めています。逃げる、つまり「もう、どうでもいいや」と投げ出すのです。「おっさん（夫）が死んでも知らない」「自分が死んでも、まあ、なんとかなるでしょ」と。

もちろん、これは「気持ちの上で」ということです。今までがんばって取り組んできたこと――例えば、家事や仕事などをさぼり、昼間からビールを飲んで昼寝して……という具合に、存分に自分を甘やかし、やるべきことから逃げましょう。家の中が散らかっていようが、食事が丼一品だけだろうが、死んでしまうより、断然ましです。

ごく身近にある死の沼から這い上がるためには、「がんばらない」が一番です。メンタル疾患の当事者も、周りで支える方も、もうこれ以上がんばれないというほどに、がんばっていることでしょう。もうそれ以上、身をすり減らす必要はありません。

あなたは十分にがんばっています。だから、もう、がんばらなくてもいいですよ。

10

【思考を整える】病気になって増えたもの

夫が病気になってから「減ったもの」は数知れない。お金が減った。お腹も減った。もちろん体重も減った。自分の時間も減ったし、外出する機会も減った。では「増えたもの」は？　それは、宗教の勧誘だ。


「ご先祖様が関係していますね。」

「○○県に有名な先生がいるので、一緒に会いに行きましょう。」

「毎日××を身につけておくとよいですよ。」

なんとまあ、鬱陶しい。「誰かに話を聞いてもらうとよい」と先述したが、話し相手を誤ると、こうした副産物がやってくる。多くは、夫のことを耳にした知り合いが紹介してくれたものだ。親切心で言ってくれるのだから……と知人の顔を立てて会ってみたこともあるが、その後はきっぱり断った。

もちろん、宗教それ自体を否定するつもりはない。メンタル疾患は長丁場で、伴走する家族も疲弊する。どこかに原因を求め、誰かにすがり、心のよりどころを探したくなることもあるだろう。苦しい時に信仰に救われた人もいるに違いない。

しかし渦中にいる人間は視野が狭まり、判断力も鈍っているものだ。そうした時期に安易に何かに身をゆだねるのは危険である。不安を感じたり、悩む気持ちがある時は、別の第三者に相談するなどして慎重に判断したい。

何を信じる、信じないかは人それぞれ。自分にとって良かれと思ったことでも、相手には負担や迷惑になってしまうこともあるものだ。宗教に助けを求める人たちに理解を示しつつも、私自身は、ご先祖様にお墓参りをして報告し、感謝を伝えることで十分だと思っている。

価値観は人それぞれ

私はこれまで、どちらかというと狭い価値観で生きてきたように思います。しかし、さまざまな方とお会いする中で、考え方は十人十色だということに思い至りました。同じような価値観の人はいても、性差であったり、育ってきた環境の違いであったり、誰一人としてまったく同じ考え方の人はいないのです。

ところが「自分と違う」というのは、時としてストレスを呼ぶものです。例えば「きれいな部屋」の尺度は人それぞれ異なります。隅々まで塵一つ残さず掃除しても満足しない人もいれば、足の踏み場がないほど散らかっていても快適に感じる人もいます。それを自分の尺度で判断してしまうと、「こんなにピカピカなのに神経質だ」とか「汚くてだらしない」などとイライラするのです。

また、道に咲いていた花を切り、花瓶に生けて部屋に飾ったとします。「部屋が明るくなって癒されるわ」と言う人もいれば、「せっかく道端で懸命に咲いていたのに、摘み取ってしまうなんて、ひどい！」と言う人もあり、同じ現象でも、人が違えば感じ方はさまざまです。

同様に、幸せの尺度も違います。自分の「幸せ」が唯一絶対だと思い込んでいると、それを人にも押し付けがちです。しかし、大事にする価値観は人それぞれ。あなたの幸せは、誰かにとっての幸せであるとは限りません。文化の違いや宗教の違いが原因で、人間は戦争まで起こしてしまうのです。

そしてまた「人それぞれ」を受け入れることは、「自分が人からどう見られるか」から解放されることにもつながるでしょう。人に嫌われたくない、人から好かれたいという気持ちは誰しも持っていると思いますが、嫌われたくないがために人に合わせるのも、つらいものです。あなたのことをどう思うかは、相手次第。それは相手の価値観が決めることです。

多様性を認めると、気が楽になります。相手の価値観を認め、尊重することは、あなたらしく暮らすことの手助けとなるでしょう。

11 【思考を整える】小指を失っても夫は夫

朝起きてリビングに入った瞬間に目についたのは、テーブルに置かれたまな板だった。昨晩寝る前にはなかったものだ。まな板の上は血だらけで、側には包丁が放り出されている。躁状態の夫が何かやらかしたに違いない。

あえて私に見せるために、まな板と包丁を片付けず、そのままにしておいた夫。その時の私の頭の中は、恐怖より怒りが占めていた。激しい憤りを感じつつ、まな板と包丁をごみ箱に片付け、いつも通りの朝を装って子どもたちを学校へ送り出す。

「今日は仕事を休む」と主張したが、夫は「何もしないから、仕事行かんね」と私に出勤を促した。そして、明らかにアガった（躁）状態の夫を残して、仕事へ出かけたその日。15時になる少し前のこと、職場の引き出しにしまった携帯電話が、メールの着信を告げて短く震えた。

お母ちゃん　ごめん　やってしまった

画面に表示された文字に心臓が跳ねる。すぐに、朝見た血だらけのまな板が脳裏に浮かんだ。

私は急いで病院へと向かった。駆け込んだ診察室で、女性の医師からこう告げられた。

「ご主人は、自分で小指を切り落とされました。」

小指はつながる可能性が低いこと。故意のケガには保険が適用されないこと。そして、事件になるので切り落とした小指を拾ってくる必要があること。

私は放心状態で医師の説明を聞いていた。夫はというと、どこかスッキリした表情だ。

切り離された小指を海辺で探し、ようやく見つけた時は、すでに日はとっぷり暮れていた。その小指を持って精神病院へと戻り、誰もいなくなった暗い待合室で夫を待つ。

「もう何もしない」という言葉を鵜呑みにし、夫を残して出勤してしまった後悔に押しつぶされそうになりながら、ナースステーションの明かりをぼんやり見つめていた。

認知を変える

人生で、向き合いたくない、目を背けたいことはありませんか。私はこのできごとがあってから、夫の小指を直視できませんでした。

当初私は、正直、夫がとった行為を気持ち悪いと感じました。目的がさっぱりわからないのです。任侠映画でもあるまいし、自ら指を切り落とすことにメリットがあるとは思えません。つまり、今までの私の認知（思考）にはない行為だったのです。

しかし、小指を失っても夫は夫であることに次第に気づき、気持ちの切り替えを行うことにしました。起きたできごとを違う視点で見る（ものごとの捉え方を変える）ようにしたのです。これは「認知行動療法」と言われるものです。

例えば、職場の人にあいさつしたのに、返事がなかったとしましょう。「私のことを嫌っているので無視したのだ」と思うと、次からはあいさつすることを躊躇してしまいがちですよね。しかし、「私の声に気づかなかったのだ」と思えば、次はもっと大きな声であいさつするようになるかもしれません。

こうした考え方は、あなたやあなたの周りの人の心を楽にします。私も当初は「理解できない」と目を背けていましたが、認知を変えたことで、「今までの自殺未遂を思えば、小指で済んでよかった」とも思えるようになりました。

12 【思考を整える】汚部屋を掃除してつかんだ幸せ

知的障がいと、うつ病を抱える若い女性の部屋を、ボランティアとして掃除することになった。玄関のドアを開けた瞬間に漂ってくる悪臭に、思わずひるむ。例えるならば、豚の鼻の中のような臭い。いや、嗅いだことはないけど。

一人暮らしと聞いていたけれど、実際は五、六人で暮らしているんじゃない？　というぶかしむほどに物が溢れかえった玄関。骨だけ残ったコンビニ傘。片足だけのスニーカー。生活臭ではとても片付けられない、すえた臭いにクラクラしながら、足を踏み入れる。

どこからが部屋の中なのかわからないほど、踏み場のない床。フローリングなのか畳なのかさえ判別できないほど、いろいろな物が山積みになり、散乱している。灰皿からこぼれ落ちるほどの山盛りの吸殻。ぐしゃっと投げ出された漫画本。タンスは引き出しが開いた状態で、そこから赤いセーターの片袖がたらりと顔をのぞかせている。

押入れの中にもチキンの骨。汚れたコンビニ弁当の容器。その上をコバエが何匹も飛んでいる。ビールの缶。薬のシート。ここは押入れという名の巨大なゴミ箱なのか。

臭いの元をゴミ袋にどんどんぶち込み、大量の物を減らしていく。少しずつ床が見えてきたな、というその時。最も恐れていたことが起きた。カサカサという音と共に姿を現したアイツ。黒く光るG。絶対に出会いたくなかった……。次から次へと出現し、床を走り回るGたち。まあ出て来るわ、出て来るわ、空間を横切るフライングGもいる。突然変異なのか、なんと、白いGさえいた。

涙と汗の壮絶な戦いを繰り広げ、辺りが薄暗くなるころには、部屋は、なんとか普通に暮らせるまでになった。そしてその数カ月後、部屋の住人からは「恋人ができた」とうれしい報告を受けたのだった。

掃除は負の連鎖を断ち切る

仕事柄、多くのメンタル疾患の方のお宅を訪問してきましたが、心と部屋の状態には密接な関係があるようです。ストレスから買い物依存になり、衣類に埋もれた部屋。孤独を埋めるため多数の猫を飼い、糞尿でぶよぶよになった畳の部屋。妄想から、誰にも侵入されないようにと窓をきつく閉ざした部屋。まさに「住人十色」です。

部屋は、住人の複雑な心の中を色濃く表しています。メンタルが不安定になると部屋も混とんとし、逆に部屋が散らかるとメンタルも安定しません。そこで効果を発揮するのが、掃除です。部屋の整理は、思考の整理。目の前の部屋を掃除することなら、思い立ったらすぐに始められそうですよね。大掃除をする気力はなくても、机の上を整えるだけ、窓を開けて空気を入れ替えるだけでも効果があります。トイレ掃除は、医師も推奨しているほどです。よどんだ空気や散らかった環境は、心理的な悪影響を呼びます。こうした負の連鎖を断ち切るためにも、まずは掃除から始めてみてはいかがでしょうか。

13
【思考を整える】「今」を生きる

過去を振り返れば、昼寝三昧のぐうたら生活。ボーナスが出たら「日ごろのご褒美に」とお買い物を楽しみ、貯蓄なんて考えもしなかった。後悔先に立たず。あの頃の自分に言いたい。「お金は大事だよ」と。

過去への後悔と将来の不安で、私はクヨクヨ悩んだものだ。しかし、過去も未来も、今考えたところで、どうにかなるものではない。将来の不安を先取りして悩むくらいなら、「今」を楽しもう。

マインドフルネス

瞑想の一つである「マインドフルネス」とは「今ここ」に集中している心のあり方です。私たちは、過去や未来のことを考えて「心ここにあらず」の状態でいることが多いものです。特に、過去の失敗や将来の不安といったネガティブなことほど、考える時間が長くなりがちです。考えれば考えるほどストレスは増幅、つまり自分で不安やストレスをさらに育ててしまっている状態です。

こうした状態から抜け出し、心を「今」に向けることで、集中力の向上、脳の活性化、ストレス解消、想像力の発達、睡眠改善などの効果があるとされます。

肝心なやり方ですが、難しく考えることはありません。

①ゆったりした気持ちで力を抜く

②目を閉じる（※開けていてもかまわない）
③呼吸（腹部が膨らんだりへこんだりする状態）に集中する

拍子抜けするほど簡単でしょう。例えば、私は①で力を抜くと「あ、眉間にしわが寄っていた！」と認識することがたびたびあります。

頭の中を空っぽにしているつもりでも、しばらくするとさまざまな雑念が浮かんできます。でも、浮かんでもいいのです。雑念に気づいたら、また呼吸に気持ちを集中させるようにします。風の音、雨の音、どこかを走る車のエンジン、鳥の鳴き声……今まで気に留めなかったようなものが聞こえてくるでしょう。「今」だけを感じてください。

いつでもどこでも、お金を掛けずに手軽にできるマインドフルネス。思い立ったらすぐに実行してみてください。ただし、重症化したメンタル疾患の方は、医師に相談してから行うことをお勧めします。

第4章

メンタル疾患を支える制度・保障

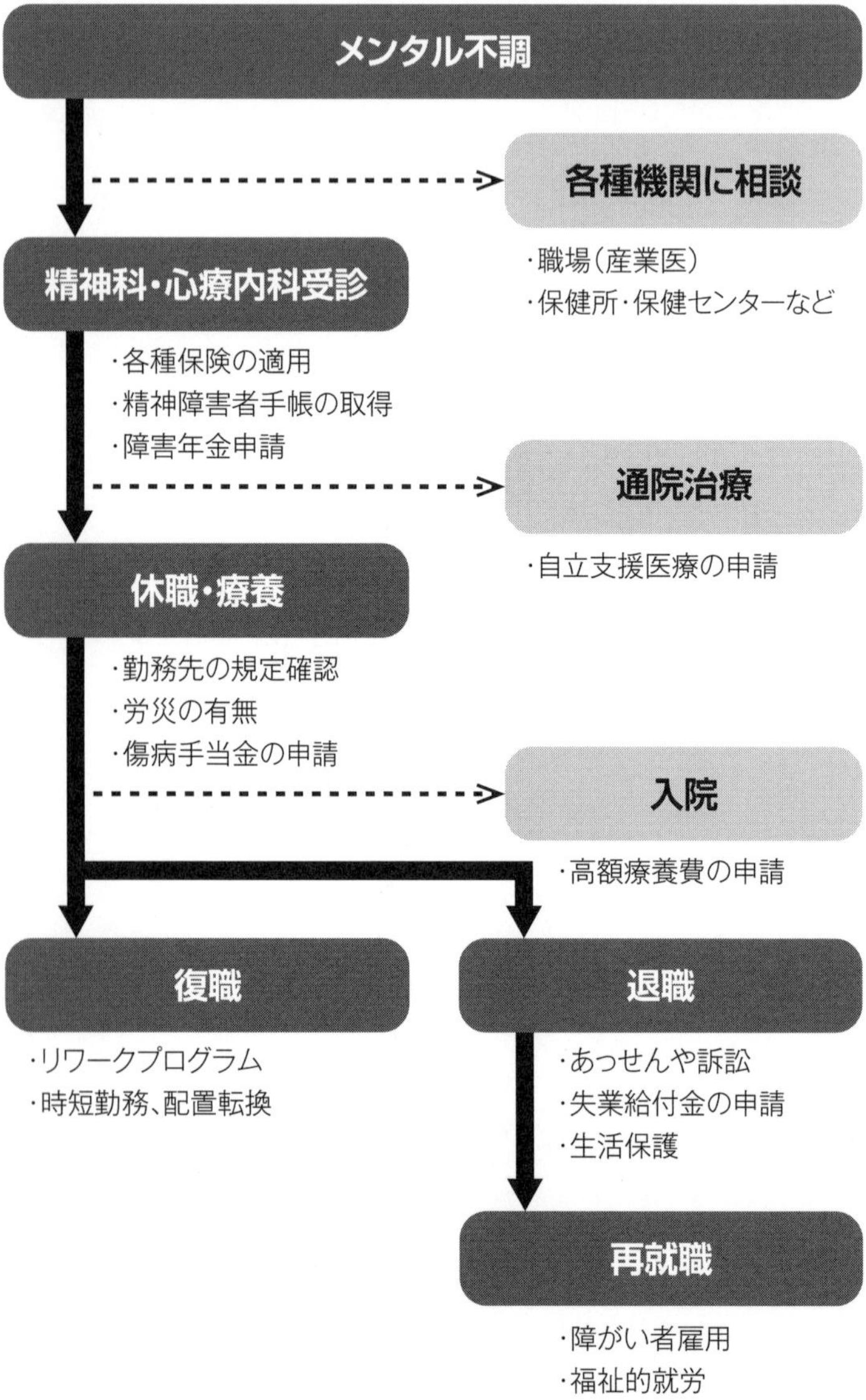
メンタル不調
各種機関に相談
・職場（産業医）
・保健所・保健センターなど
精神科・心療内科受診
・各種保険の適用
・精神障害者手帳の取得
・障害年金申請
通院治療
・自立支援医療の申請
休職・療養
・勤務先の規定確認
・労災の有無
・傷病手当金の申請
入院
・高額療養費の申請
復職
・リワークプログラム
・時短勤務、配置転換
退職
・あっせんや訴訟
・失業給付金の申請
・生活保護
再就職
・障がい者雇用
・福祉的就労

大切な家族がメンタル疾患にかかった場合、自分やほかの家族も含めた将来が不安に思えるものです。しかし、あまり知られていませんが、日々の暮らしの支援、治療や生活にかかるお金の支援など、支える制度や保障はいくつも存在します。

右ページの図は、メンタル疾患にかかった際に受診や休職などのタイミングで検討できる支援や制度を挙げたものです。何か活用できそうなものは見当たりますか？

他人に相談するのがはばかられたり、周囲の目が気になったりすることもあるかもしれませんが、使える制度はためらわずに活用してください。きっと、あなたや家族を守ってくれるでしょう。

なお、ここに挙げた制度・保障の中には、お住まいの地域や雇用形態などによって内容が変わってくるものもあります。詳細は、各自治体やお勤め先にご確認ください。

1 メンタル疾患の定義

「メンタル疾患（精神疾患・精神障がい）」とは、一般的に、何らかの原因や複合的なものによって脳の働きが変化したことにより、感情や行動に著しい偏りが見られる状態を指します。行政サービスでは「精神障がい」という言葉を使うことが多く、また「心の病」や「精神病」といった言葉で表されることもあります。

しかし、メンタル疾患の定義は厳密に決められているわけではありません。医師はＷＨＯの「ＩＣＤ－10」、米国精神医学会「ＤＳＭ－５」の基準に沿って診断しますが、それぞれの医師の判断によっても病名や障がい名が変わってくることがあります。

また、日本では、法律によってメンタル疾患の定義が異なります。「精神保健及び精神障害者福祉に関する法律」（精神保健福祉法）では、「統合失調症、精神作用物質による急性中毒又はその依存症、知的障害、精神病質その他の精神疾患を有するもの」（第5条）を精神障がい者として定めています。一般によく知られているうつ病などの「気分障がい」が「その他の精神疾患」としてひとまとめにされていることがわかります。

一方「障害者基本法」では、「精神障害があるため、継続的に日常生活又は社会生活に相当な制限を受ける者」（第2条）を精神障がい者として定めています。医学的な観点から障がいを定めている精神保健福祉法と比較し、こちらは、社会との関わり合いの中で障がいを捉えている印象を受けますね。

今は本やインターネットを使えば、すぐにメンタル疾患について調べることができます。医療従事者が書いた症状や、患者が書いた体験談など、さまざまな情報が得られるでしょう。

しかし「メンタル疾患だとこんな症状が出る」「この病名だと診断されたら、こんな症状になる」といった情報を頭に刷り込んでしまうのは危険です。この心の病気に関しては複雑な要因が絡み合っているため、典型的な症状が出る人もいれば、人とはまったく違う症状に苦しむ人もいます。診断の幅も広く、重度であれば症状も顕著に出ますが、軽度だったり、ほかの病気も併発していたりすると、診断は難しいものになります。知識は大事ですが、まず何よりも、メンタル疾患は「その人の一部」であると理解し、目の前の人の症状を理解するところから始めてください。

2 障がい者が安心して暮らせる社会へ

2006年、障がい者が地域で安心して暮らせる社会の実現を目指し「障害者自立支援法」が施行されました（※2012年に障害者総合支援法（障害者の日常生活及び社会生活を総合的に支援するための法律）に改正）。これにより、長年病院で生活していた方々が退院し、地域で暮らすようになりました。つまり、これまで病院の専門スタッフが行ってきた支援を、地域が担うことになったのです。

さて、ここでいう「支援を担う地域」とは、どこを指しているのでしょうか。そうです、それは主に「家庭」です。在宅を余儀なくされたメンタル疾患の方は、専門知識を持たない家族がサポートすることになったのです。

地域で暮らすようになった患者本人に対しては、行政や医療機関などが定めるいくつかの支援制度があります。しかし、家族へのアプローチはありません。そのため、患者をサポートする親やパートナー、子どもたちは、経済的、社会的に追い詰められているのが現状です。「家族」というシステムを崩壊させないように手探りで生活しているのです。

メンタル疾患の方と生活を共にするのは、家族といえども大変なものです。そして家族の看病疲れは、患者当人の症状にも大きく影響を与えます。病気を治す手段の一つが、家族へのケアであると言い切っても差し障りないでしょう。それほど、患者を取り巻く環境は大切なのです。

先の見えない戦いに、家族が無力感に襲われることのないよう、使える支援策はどんどん活用していきましょう。それがきっと、あなたや家族を守ることにつながるはずです。

3 メンタルの不調を感じたら〜①産業医と面談する

産業医とは、労働者が健康で快適な作業環境のもとで仕事が行えるよう、専門的立場から指導・助言を行う医師のことです。常時50名以上の労働者が働く事業場では、産業医を選任し、労働者の健康管理等を行うことが義務づけられています。

自身にメンタル不調を感じたり、もしくは部下や同僚などの様子がいつもと違うと感じる場合などは、まずは勤務先の産業医に相談してみるとよいでしょう。産業医にはメンタル疾患の診断や治療はできませんが、面談にお金はかかりません。

産業医には面談内容について守秘義務がありますが、面談者の同意を得たうえで、企業側と情報を共有して連携することができます。深刻な状況になる前に産業医に話をすることで、配置転換などの策を検討し、改善につなげていけるかもしれません。また、休職を検討する場合も、あらかじめ産業医との面談を行っておくと、手続きがスムーズに進みます。

なお、事業場の規模によっては、産業医が常勤していなかったり、形骸化していたりすることもありますので、まずは人事担当者に確認してから、産業医との面談予約を行ってください。

4 メンタルの不調を感じたら ～②病院を受診する

勤務先に産業医が不在の場合や、症状が重く緊急性の高い場合は専門医を受診しましょう。第1章でも述べた通り、精神科や心療内科の多くは予約制です。また、大きな病院は紹介状がないと診察を受けられないことも多いため、まずは病院に問い合わせてみてください。

メンタル疾患の場合は、一度きりの受診で終わることはなく、長期的、継続的な治療が必要になります。経済的な不安を軽くすることで、体調の安定や治療への専念につなげていこうとする制度も用意されていますので、ぜひ活用してください。

・**健康保険**

診察や治療などにかかる費用は、健康保険が適用されるため、窓口で支払うのは自己負担分（通常3割）のみです。それに加えて、初回の診察時には初診料が請求されます。

・**自立支援医療制度**

メンタル疾患の治療にかかる医療費の自己負担を軽減する公的な制度です。すべてのメンタル疾患が対象となり、通院による継続的な治療が必要であれば、どなたでも申請し、利用することが可能です。

利用できる医療機関・薬局は指定されたところに限りますが、通常3割負担の医療費の自己負担額が、原則1割まで軽減されます。さらに世帯所得に応じて月あたりの自己負担額に上限が設定され、上限を超えた分は支払う必要がなくなります。

・高額療養費制度

同一月（1日から月末まで）にかかった医療費の自己負担額が高額になった場合、上限額を超えた分は、後で払い戻される制度です。上限額は、年齢や所得に応じて定められています。

事前に医療費が高額になることがわかっている場合には「限度額適用認定証」を提示することで、上限額を超える分を窓口で支払う必要がなくなります。

・医療費控除

一年間に支払った年間医療費が一定額を超えた時に、所定の手続きをすることで税金が安くなる（所得控除）のが医療費控除です。対象となる医療費は、診察費だけでなく、医療用器具や通院費（交通費）、入院した時の部屋代なども含まれます。また、医療費は個人分だけではなく、生計を共にしている家族分も合算することが可能です。

医療費控除の申請手続きは、確定申告期間に行います。なお、還付金を受け取るのは、医療費のかかった年の翌年から5年以内であれば申請が可能です。申請に必要となるため、病院を受診した際のレシートや領収書などは捨てずに保管しておきましょう。

・民間の医療保険

民間の医療保険の多くは手術や入院を対象にしているため、在宅・通院治療が一般的なメンタル疾患は残念ながら適用外となるケースがほとんどです。しかし、入院治療をした場合には給付対象となりえますので、加入している保険会社に問い合わせてみてください。また最近では、メンタル疾患で働けなくなった場合の保障をうたう商品もあるので、一度、契約内容を確認してみるとよいでしょう。

なお、一般的に、民間の医療保険は「病気やケガに備えて入る」ものであるため、メンタル疾患を発病後に申し込むことはできません。

5 療養する〜①休職する

病院でメンタル疾患と診断を受けた場合、症状によっては仕事を休んで病気の治療に専念する必要があるでしょう。仕事をするのがつらいと感じる場合、退職が頭に思い浮かぶこともあるかもしれません。しかし、病気は視野を狭め、判断力を鈍らせます。退職の検討は一旦先送りにして、休職制度が使えるようであれば使いましょう。

休職制度とは、業務外のケガや病気などにより一定期間仕事を休んで療養にあたる必要がある場合、会社が労働義務を免除するしくみです。法令で義務付けられているものではないため、休職制度の有無や休職期間の上限、給与支給の有無などは、会社により異なります。

仕事を休職することになった場合は、大きく次のような手順を踏むことになります。

①病院受診

心療内科・精神科を受診し、医師の診断を仰ぐ。

②休職申請

職場に診断書（病気休業診断書）と休職願を提出し、休職手続きをとる。

③休職開始

在宅または入院して療養する。事前に連絡手段や頻度などを決め、休職中も職場の上司や人事担当者などと連絡を取れる状態にしておく。

まずは、勤務先に休職制度があるかどうか、就業規定を確認しましょう。正社員なのかパートタイムなのかなど雇用形態によっても、利用できる制度は変わってきます。休職制度が設けられている場合は、休職するための条件や期間などを確認のうえ、手続きの準備を進めてください。

・年次有給休暇

労働者には、労働基準法第39条で認められた年次有給休暇（有休）の権利があります。法律上は、雇入れの日から6カ月時点で10日間付与され、その後は1年ごとに付与されます。これは「賃金が支払われる休暇」であり、メンタル不調の初期段階などは、まずは有休を使って仕事を休むことになります。ただし、有休を使い切ってしまうと、復職後に通院などで休むことが難しくなる点も加味する必要があります。

・休職条件

休職するためには、主に次の三要件を満たすことと定められているケースが多いようです。

①私傷病（業務外の病気やケガ）により労務提供ができないという本人の申し出
②医師の診断書（病気休業診断書）の提出
③欠勤日数

年次有給休暇をすべて消化した後は、欠勤（賃金の支払われない休暇）扱いとなります。③については、「私傷病（業務外の病気やケガ）による欠勤日数が〇日以上を超えた時」から休職申請可能などとされるのが一般的です。

・休職期間

休職期間の上限は、就業年数によって差を設けている企業が多く、最大2年間というのが一般的です。期間満了しても復職できない時は、退職または解雇になります。

・休職期間中の給与

休職期間中も一定期間は給与が支給される会社もありますが、多くの場合は無給となります。給与が支給されない場合は、加入している健康保険から「傷病手当金」を申請すれば支給されます。傷病手当金については次項で説明します。なお、休職期間中は給与は支給されなくても、社会保険料は支払う必要があります。

・再休職

一度休職してから復職したものの、再度症状が悪化して休職することもあるでしょう。復職から定められた期間（多くは3~6カ月）内に再休職することになった場合、従前の休職期間が通算されるのが一般的です。

6 療養する～②公的制度を活用する

メンタル疾患と診断された場合は、病気の回復を第一に過ごしてください。安心して治療に専念するためにも、次に挙げる制度も積極的に活用してください。

・傷病手当金

病気やケガの療養のため働けなくなった時に、本人やその家族の生活を守るために設けられている公的な制度が傷病手当金です。仕事を休んでいる間、公的医療保険（健康保険）から給料の約3分の2程度の手当金を受け取ることできます。傷病手当金が支給される期間は、支給開始から最長1年6カ月です。

傷病手当金は休職していなくても受け取ることができますが、「3日間連続して仕事を休んだ翌日から給付」や「給与の支払いがある場合は給付対象外」など、支給には条件がありますので注意してください。

・労働災害

労働災害（労災）は、通勤・業務中に発生した病気やケガのことを指します。労災と認定された場合は治療費が無料になるほか、労働者が強制加入している「労働災害保険（労災保険）」より休業補償給付金＋休業特別支給金として賃金の80％が支払われます。

職場におけるパワハラやセクハラなどのハラスメント行為や、過重労働などが原因でメンタル疾患を発症した場合は、労災として認められる可能性があります。労災申請は、労働者本人またはその家族が、労働基準監督署に対し必要書類を提出して行わなければなりません。

ただし、メンタル疾患の労災認定のハードルは高いのが実状です。申請書類には、残業時間や休日出勤、またはハラスメント行為などを証明するものが必要となるため、相当な精神的エネルギーが求められます。請求する場合は、弁護士などの外部専門家に頼るのも一案です。

・精神障害保健福祉手帳

メンタル疾患により、長期にわたり日常生活や社会生活への制約がある人は「精神障害者保健福祉手帳」(手帳)の交付を受けることができます。手帳は一人ひとりの実情に応じて、自立と社会参加を促進するために設けられた制度です。取得することで、税金控除や交通費助成などの各種サービスや優遇措置が受けられます。障がいの状況に応じて1~3級まで等級が分かれており、受けられる福祉サービスの具体的な内容は、等級や各自治体によって異なります。

手帳の交付は、そのメンタル疾患での初診から6カ月以上経過していることが条件です。申請にあたっては医師の診断書が必要となりますが、申請したからといって必ず交付されるとは限りません。

障害者手帳と聞くと身構えてしまうかもしれませんが、手帳の取得は義務でも強制でもありません。常に携帯する必要もなく、また返納も自由です。就職などに活かせることもありますので、ぜひ前向きに検討してみてください。

・障害年金

年金というとお年寄りが受け取るイメージがあるかもしれませんが、障害年金は老齢年金とは異なり、65歳未満であっても受給可能です。また、障害者手帳を所持していなくても支給されます。

障害年金の対象者は基本的に病名を問わず、日常生活や仕事に支障があるかどうかで判断されます。また、就労による収入の有無は問われません。働きながら受給することも可能です。

障害年金には2つの種類があり、初診日に国民年金に加入していた方が受給できるのが障害基礎年金、厚生年金に加入していた方が受給できるのが障害厚生年金です。受給に際しての要件は、次の3点です。

①初診日が特定できること
②初診日前日の時点で年金保険料が納付されていること
③初診日から1年6カ月を経過していること

初診日前日の納付状況がわからない場合は、年金事務所などで確認することができます。申請には、医師の診断書や戸籍謄本、年金手帳、通帳のコピーなど、多くの書類が必要になります。特に手間取るのが、本人や家族、または代理人が作成した「病歴・就労状況等申立書」です。作成が難しい場合は、病院のワーカーや社会保険労務士などに相談してみましょう。

7 療養する〜③病院を活用する

療養中に回復傾向にあると感じても、自己判断で通院や服薬を止めてしまうのは危険です。逆に、自傷・他害や妄想などの症状が強く出ている場合などは、病院に入院することも検討してみてください。

メンタル疾患の治療は、精神科医との面談と、薬物療法が一般的です。デイ・ケアなどで学ぶ社会復帰を促進するための治療プログラム、次項でお伝えする「リワークプログラム」、カウンセラーによる精神療法などが設けられている病院もあります。事前に確認をしてみてください。

また、症状が重く、外来治療だけでは効果が十分でない時、自殺などの危険性がある時、自宅では十分な休息が取れない時などには入院を検討します。入院には主に次の三つの形態があり、本人や家族の意思で入院を希望することもできます。

・任意入院

医師が治療のために必要と判断した場合に、患者の同意のもとに行う入院。本人の申し出により退院もできます。

・医療保護入院

本来は任意入院が望ましいものの、患者が望まない場合でも指定医が入院治療を必要だと認め、かつ家族が同意する場合には入院となることがあります。

・措置入院

自分自身やほかの人を傷つけてしまうおそれがあると認められた場合、二人以上の指定医の診察結果が一致して入院が必要と認められた場合に行われる入院。

8 復職する

復職は次のステップで検討していきます。

①復職可否の判断

回復期に入ったら、主治医に「復職の準備をしたい」と気持ちを伝える。医師が復職可能と判断した場合、復職準備が始まる。

②復職準備

職場に診断書（復職診断書）と復職願を提出する。産業医や人事担当者と面談を行い、復帰プランを立てる。必要に応じて復職支援「リワークプログラム」も活用する。

③**復職**

模擬出勤や通勤訓練などを経て、本格的に業務に復帰する。配置転換や時短勤務、残業ゼロなどを検討し、再発防止策を講じる。

メンタル疾患の治療には時間がかかりますが、適切な治療を継続することで社会復帰することができます。ただし、焦りは禁物です。一時的に症状が回復したからといって、復職を急いではいけません。職場に戻った後も再発・再休職せずに働き続けられる状態まで回復したうえで、復職することを目指してください。

・リワークプログラム

うつ病などのメンタル疾患で休職している方を対象とする、職場復帰を目指したリハビリプログラムです。「体調は回復したけれど出勤に抵抗がある」「仕事に戻る自信がない」といった不安を解消し、体力をはじめ、集中力、コミュニケーション能力などの仕事に必要な能力の回復を図ります。

多くは医療機関や障害者職業センターで行われます。就労移行支援・就労継続支援事業所などの施設でも行われ、企業が独自に用意しているケースもあります。

・短時間勤務制度

短時間勤務制度（時短勤務）とは、一日の労働時間を短縮して勤務することです。2009年、育児・介護休業法の改正により、短時間勤務制度の導入が各事業主に義務づけられました。法律で義務付けられている対象者は、働きながら3歳未満の子どもを育てる労働者ですが、会社によっては事由にかかわらず短時間勤務を選べる制度を備えていることもあります。また、時間外労働が免除される制度などもあるかもしれません。就業規定を確認し、人事担当者に相談してみてください。

9 退職する

まず、会社は従業員がメンタル疾患にかかったという理由だけで解雇することはできません。休職期間を満了しても職場復帰できなかった場合は退職または解雇となりますが、「主治医が復職可能であると診断しているのに、会社が復職を認めなかった」「メンタル疾患発症の原因が、長時間労働やハラスメントなどの業務にある」などの場合の解雇は認められません。

もしこのような理由で解雇されてしまった場合は、不当解雇として次のような手段をとることが可能です。

・**会社と交渉**

不当解雇であることを示し、解雇を取り消してもらう方法です。自分で交渉を行うのがストレスに感じる場合は、弁護士に交渉を依頼するとよいでしょう。

・あっせん

あっせんとは、会社とのトラブルを話し合いで解決するための手続きのことで、全国の自治体にある労働局で行います。あっせんに持ち込むと、労働局の第三者（紛争調停委員）の前で、会社の担当者に解雇の撤回について話し合うことができます。

しかし、あっせんには強制力がないという欠点があります。会社はあっせんの場に行くこと自体を拒否でき、またあっせんで出された結論を無視することもできるのです。

・訴訟（裁判）

何が何でも会社に解雇を撤回させたいという場合は、弁護士に依頼して訴訟手続きを行います。訴訟の判決には強制力があるため、会社は出廷を拒否したり、判決を拒否することはできません。ただし、訴訟は判決が出るまで長引くことが多く、心理的に大きなストレスを受けることになるので、慎重に判断してください。

自己都合による退職や会社都合の解雇を受け入れた場合、検討すべきはその後の生活です。まずは、雇用保険や生活保護などの受給手続きを取り、生活の基盤を整えてください。

・失業給付金

失業した場合、雇用保険より失業給付金（失業手当）として離職前の賃金の5～8割程度を受け取ることが可能です。失業給付金は失業すれば自動的に支給されるわけではなく、以下の条件を満たした上で、ハローワークで申請手続きをとる必要があります。

①退職日以前の2年間に雇用保険加入期間が通算12カ月以上ある

②ハローワークに求職の申し込みをしている

なお、雇用保険の加入期間や、退職の理由が自己都合なのか会社都合なのかにより、受給開始時期や給付期間が異なります。自己都合の場合は失業してから約3カ月後から受給開始に、一方、会社都合の場合は失業手続き後、約1週間後から受給開始となります。

ただし、疾患の場合は「病気のため退職が望ましかった」という医師の意見書を提出することで、自己都合退職であっても3カ月待たずに受給することが可能です。また、うつ病や統合失調症など特定の疾患や、障害者手帳をお持ちの場合は就職困難な状況にあるとみなされ、給付日数が延長されます。

・障がい者雇用

障害者雇用促進法では、事業主に対し、障がいのある人を一定の割合以上で雇用することを義務づけています。この比率のことを「障害者雇用率制度(法定雇用率)」

と言い、2020年9月現在2・2%、およそ45・5人に1人の割合です。2021年4月までに2・3%に引き上げることが検討されています。

障がい者雇用の対象となるのは、原則として障害者手帳を持っている人です。障がい者雇用で働くメリットは、障がいの特性や体調などへの配慮を受けやすいことです。一方、デメリットとしては、求人件数が少ないことが挙げられます。

・福祉的就労（就労継続支援）

転職・再就職を考えた時、仕事はしたいけれど一般企業で働くのは不安に思うこともあるかもしれません。心身に障がいがあり、一般企業で働くことが難しい場合などに、障害者総合支援法に基づく就労支援のサービスを受けながら働く働き方を「福祉的就労」といいます。

福祉的就労には雇用契約の有無に応じて、A型とB型の2種類があります。利用者と事業所の間で雇用契約を結び、賃金が支払われるのが「就労継続支援A型事業所」、雇用契約は結ばず、症状や体調に合わせて自分のペースで働ける「就労継続支援B型事業所」、雇用契約はなく、創作的活動、生産活動、社会との交流促進などの機会を提供する「地域活動支援センター」が存在します。

福祉的就労は、利用者の状況や年齢、利用年数などによって利用できるサービスが異なります。また、事業所によって実施する作業も異なるため、働く内容もさまざまです。福祉的就労を検討する場合、前述の支援サービスを提供する事業所や、自治体の福祉担当窓口、相談支援事業所に相談してみてください。

・就労移行支援

一般企業への就職を目指す65歳未満の障がいのある方を対象に、生産活動や職場体験などの機会の提供を通じて、就職に必要な知識やスキル向上のためのサポートをする制度を就労移行支援と言います。

就労移行支援事業所では、個別の支援計画を立て、それに沿って、他の利用者と一緒に就職に役立つ知識や必要なスキルを学びます。学校のように通いながら、就職に向けたサポートを受けることができる場所です。また、就労支援員に就職や体調に関する相談をし、必要なサポートを受けることができます。多くの場合は無料で利用可能です。

・生活保護

努力しても生活していくのが難しい時に検討したいのが生活保護です。困窮の程度に応じて住まいや生活、医療や介護などの費用を公的に支出します。いつでも、どこに住んでいても、理由に関係なく自由に申請することが可能です。

生活保護は世帯単位で行い、その申請は、居住する地域の福祉事務所で行います。生活保護制度は、憲法によって保障されている健康で文化的な最低限度の生活を営むための、最後のセーフティネットとして機能しています。どうしても生活が立ち行かなくなってしまった時などに、自分や家族の身を守るためにも活用してください。

あとがき

最後までお読みいただいたことに、本当に感謝いたします。ありがとうございました。

読み終わった後、モヤッとしなかったでしょうか。「掃除はすばらしい！」と言ったかと思えば「部屋が汚くたって気にしないで」と言い、「笑おう！」と言ったかと思えば「無理に笑わなくていい」と言うなど、矛盾が目についたかもしれません。どちらを選んでもいいのです。「こうしなければならない」と決めることが、苦しさを招くかもしれません。どちらかに決める必要はなく、その時々に、あなたが楽になる方を選んでください。

以前の私は思い込みが激しく「親はこうあるべき」「人間はこうあるべき」など、さまざまな思いに囚われていたように思います。悪い思い込みは、自身を苦しめる結果につながる可能性があります。多くの方から相談を受けて、そのことに気づかされました。これまでにかかわってきたすべての人に感謝します。

人間はあいまいです。価値基準は人それぞれ。「きれい」も「優しい」も、そして

「苦しい」も、すべて自分の中の基準です。障がいがあるとわかって「そうか、こんなに苦しんできたのは障がいのせいだったのか」と、ほっとする人。「障がいになってしまった。人生、もうダメだ」と嘆く人。物事を一方向だけから見るのではなく、多方向から眺めると違う感情に気づくかもしれません。

本書は「こうすべきです」「こうしてください」と決めつけるものではありません。「こういう考え方もありますよ」「こんな方法もありますよ」と情報提供するものであると解釈してください。どこかに一つでも、あなたを楽にするページがあれば幸いです。

また、本書の中には見つけられなかったとしても、必ずどこかにあなたが笑顔になれる、希望が持てる、すてきな人と出会える、そんなことがあるはずです。今は苦しいかもしれませんが、道は必ず拓けます。どうか、生きてください。

著者略歴

橋　いづみ

産業カウンセラー／EAP（Employee Assistance Program）
コンサルタント／国家資格キャリアコンサルタント
メンタル疾患の家族と過ごした経験を活かし、支援する側・
される側の両方の立場で語れるカウンセラーとして活動中。

装丁デザイン：永藤 拓也（ナガフジ）
企画協力：上野 郁江（NPO法人企画のたまご屋さん）

家族がメンタル疾患になったときに読む本
未来に向けてのヒント　〈検印廃止〉

著　者　橋　いづみ
発行者　桃井　克己
発行所　産業能率大学出版部
東京都世田谷区等々力 6-39-15　〒 158-8630
（電 話）03（6432）2536
（FAX）03（6432）2537
（振替口座）00100-2-112912

2020 年 10 月 15 日　初版 1 刷発行

印刷・製本所　日経印刷

（落丁・乱丁はお取り替えいたします）　ISBN978-4-382-05788-3